D1134326

CAXTON ITALIAN VERBS

Caxton Editions

First published in Great Britain by
CAXTON EDITIONS
an imprint of
the Caxton Book Company Ltd
16 Connaught Street
Marble Arch
London W2 2AF

Prepared and designed
for Caxton Editions by
Superlaunch Limited
PO Box 207
Abingdon
Oxfordshire OX13 6TA

Consultant editor Paola Pesavento

ISBN 1 84067 078 9

A copy of the CIP data for this book is available from
the British Library upon request

Printed and bound in India

INTRODUCTION

Verb Forms

Verbs are the most important element of our speech as they express the core of what we want to say, so you need to be aware of some subdivisions of verbs and a few grammatic terms.

Active verbs
Active verbs are **transitive** verbs, the subject of which actively **performs** the action. In other words, when the verb is active, something is done by the subject: for example, *Lucia mangia un panino* [Lucia eats a sandwich].

Auxiliary verbs
Auxiliary verbs are those verbs which 'help' in **bending** the main verbs, that represent the core of what we are saying. The auxiliary verbs are used to form **compound tenses**: in ***I have seen*** *Maria* a compound tense, the **present perfect**, has ***have*** as the auxiliary, and ***seen*** as the main verb in **past participle** form.

The auxiliary verbs in Italian are *avere*, *essere* and *stare*. *Avere* is used as a compound with transitive verbs in the past tenses (*ho mangiato un panino* [I have eaten / I ate a sandwich]), and with **modal verbs** preceeding a transitive verb (*ho potuto mangiare un panino* [I could / I was able to eat a sandwich]).

Essere is used as a compound with **intransitive verbs** (*sono andato al cinema* [I went / I have gone to the cinema]), and together with modal verbs preceeding an intransitive verb (*sono potuto andare al cinema* [I could / I was able to go to the cinema]).

Stare + **main verb** translates the English *~ing* form in the past tenses, when an action takes place in the past while another action is already happening (***stavo guardando*** *la televisione, quando è arrivato il nonno* [I was watching television, when Grandfather arrived]). Note that after the auxiliary *stare* the main verb is **bent** in the **gerund** mode ***guardando***.

Bending

We say that we **bend** a verb when we adapt it from its **infinitive form** to the context of what we want to say. Verbs are bent in all languages, but while in English we generally have very few **desinences** (verb endings such as *~s* in he walk*s* and *~ed* in he walk*ed*), in Italian we have to use a different desinence for almost all of the six persons I, you (singular or informal), he / she, we, you (plural or formal), they.

Compound tenses

These consist of more than one element. In Italian, compound tenses are formed by an auxiliary verb (*avere, essere, stare*) and the **past participle** or sometimes the **gerund** of the main verb (*lui* ***ha scritto*** *una lettera* [he has written/ he wrote a letter]; *lui* ***stava scrivendo*** *una lettera quando* ... [he was writing a letter when ...]).

Conditional mode

This mode is typically connected to a 'condition'

that we put in what we want to say (*se fossi ricco*, ***farei*** *un bel viaggio* [if I were rich – *condition*, expressed in the **subjunctive** – **I would go** on a beautiful journey]). Although the conditional is formed in English by the auxiliary *would* preceeding the main verb, in Italian it is rendered by a single verb form, such as ***farei***. The present conditional is used in Italian as a polite form, just as it is in English: *vorrei un caffè, per favore* [I should like a coffee, please].

Conjugations

The three Italian conjugations are the ways in which one bends the verbs. Italian verbs are subdivided in three categories according to their desinence in the infinitive mode.

~***are*** **first conj.**	~***ere*** **second conj.**	~***ire*** **third conj.**
infinitive	*infinitive*	*infinitive*
am*are* [to love]	ved*ere* [to see]	part*ire* [to leave]
io am-*o*	io ved-*o*	io part-*o*
tu am-*i*	tu ved-*i*	tu part-*i*
lui/lei am-*a*	lui/lei ved-*e*	lui/lei part-*e*
noi am-*iamo*	noi ved-*iamo*	noi part-*iamo*
voi am-*ate*	voi ved-*ete*	voi part-*ite*
loro am-*ano*	lore ved-*ono*	loro par-*tono*

Desinence

The desinence is that element in a verb which changes all the time during bending. In am*are*, for example, the desinence is ~*are*, as it changes all the time while we use the verb: 'I love' is 'io am-*o*'; but 'you love' is 'tu am-*i*'; 'he loves' is 'lui am-*a*', and so on. The fixed element is called the **stem** or **root**.

Future indicative
The Italian future indicative (*amerò* [I am going to love, I will love]), expresses an action which is going to happen in the future. When we are very sure that the action will take place, in colloquial Italian we can also render the future tense by using the **present indicative** form (*domani mi sposo* [tomorrow I will get married]).

Gerund mode
The gerund mode is built in Italian by adding the suffixes ~*ando* (for the first conjugation), and ~*endo* (for the second and third conjugations) to the verb stem. For *abitare*, the verb stem is *abit*, so the gerund is *abit-ando*; likewise for vedere, verb stem *ved*, the gerund is *ved-endo* and for partire, the verb stem is *part* and the gerund *part-endo*. When the main verb is preceeded by the auxiliary *stare*, the gerund translates a progressive form (*sto cantando* [I am singing], but *stavo cantando quando è arrivata Maria* [I was singing when Maria arrived]). Generally speaking, the gerund reflects the English ~*ing* form (*facendo così sbagli* [by doing so, you do wrong]).

Imperative mode
The imperative is used to give commands: *do this! do that! don't do this! don't do that!* This mode is not very polite and therefore is seldom used. In Italian, as well as in English, we prefer to use the conditional mode: *vorresti fare questo?* [would you like to do this?], *potresti fare questo ?* [could you do this?]. The negative form is rendered with *non + infinitive* in the second person singular: *non fare!*; and simply by preceeding the imperative with *non* in the second person plural: *non fate!* To

soften the effect of the imperative we add the expression *per favore* [please]: *non fare questo, per favore* [don't do this, please]. The true imperative can only be applied to the second persons singular and plural ('you'), and for the other persons we need to use other modes. In Italian we 'borrow' forms from the **subjunctive** and the **indicative modes**. Thus the imperative of the verb *fare* [to do] for example, goes like this:

imperative, positive form	**imperative, negative form**
tu, fa! (*imperative*)	tu, non fare ... (per favore)! (*imperative*)
che lui / lei faccia! (*subjunctive*)	che lui/lei non faccia! (*subjunctive*)
noi, facciamo! (*indicative*)	noi, non facciamo! (*indicative*)
voi, fate! (*imperative*)	voi, non fate ... (per favore)! (*imperative*)
che loro facciano! (*subjunctive*)	che loro non facciano! (*subjunctive*)

Imperfect indicative
Abitavo a Vicenza [I used to live in Vicenza], meaning 'I went on living in Vicenza for a period of time'. *See also* **indicative mode**.

Imperfect subjunctive
Credevo che tu abitassi a Genova [I thought that you were living in Genoa]. *See also* **subjunctive mode**.

Indicative mode
The indicative is the most usual **mode** (form) of a verb, as in *I go*, *Maria sings*. It is the most direct mode, that simply describes what the subject is doing. The indicative mode has various **tenses**.

This book presents the most common tenses, the **present**, the **future**, the **imperfect**, the **present perfect**, and the **past perfect**.

Infinitive form

A verb is in its 'in-finitive' (non-finished) form when the verb is not defined or **bent** within the context of what we want to say, for example *andare* [to go]; *cantare* [to sing]. In order to adapt a verb to our speech we have to bend it, thus giving it a 'finite' form: *io* ***vado*** *al cinema* [I go to the cinema]; *Maria* ***canta*** *una canzone* [Maria sings a song].

Irregular verbs

Irregular verbs are those which only partially follow the desinences of the three conjugations, and even **change** their **stems** when **bending**. These ancient verbs are so fundamental to human communication that they have been moulded and worn by use. Examples of irregular verbs are: *essere* [to be], *avere* [to have], *volere* [to want], *potere* [to be able], *dovere* [to have to], *andare* [to go] and *venire* [to leave]. These verbs are often irregular in other languages.

Modal verbs

Modal verbs are those verbs which express the way in which something is done. They could be considered auxiliary verbs, because they help to define the meaning of the main verb. These verbs are: *volere* [to want], *potere* [to be able], and *dovere* [to have to]. They give the differences in meaning between the following sentences:
Pierino va a scuola [Pierino is going to school];
Pierino vuole andare a scuola [Pierino wants / is willing to go to school];

Pierino può andare a scuola [Pierino can go, is in the condition of going to school];
Pierino deve andare a scuola [Pierino has got to go to school – independently from his own opinion!].

Mode
The mode is the form that a verb takes, depending on what we want to say. If we want simply to describe something, we bend the verb in its **indicative mode**: *la maestra insegna ai bambini* [the schoolteacher teaches the children]. If we are not sure of something, and we make a guess, we use the **subjunctive mode**: *credo che lei faccia la maestra* [I believe / I suppose that she is a school teacher]. If we want to be polite, we use the **conditional mode**: *vorrei un caffè, per favore* [I would like a coffee, please].

Nouns
Nouns express the idea of a substance, and so are also called **substantives**. The noun *Peter* gives us the idea of a substance, which is a certain human being bearing this name; the noun *cat* gives us the idea of a different substance, a certain animal; the noun *idea* gives us the idea of an abstract substance, indeed, an ... idea. Of all grammatic elements only the nouns are substantives. There are, though, certain grammatic elements which, without being nouns, can replace nouns: these are called **pronouns**.

Passive verbal forms
Only transitive verbs can take passive forms. A verb is in passive form when its subject is undergoing an action performed by somebody or something else. In other words, a verbal form is passive when something is done **to** the subject and

not by the subject: *il panino **è mangiato** da Lucia* [The sandwich *is eaten by* Lucia].

Past participle
This is the second element of the compound forms **present perfect** and **past perfect**, for example *mangiato*, *bevuto*, *andato* [eaten, drunk, gone]. When bending transitive verbs the past participle follows the auxiliary *avere*: *ho bevuto una birra* [I have drunk a beer]. When bending intransitive verbs the past participle follows the auxiliary *essere*: *Maria è andata al cinema* [Maria has gone / went to the the cinema].

Past perfect indicative
The past perfect indicative describes what was going on in the past before something else happened: ***avevo*** *appena* ***finito*** *di studiare, quando è arrivata Maria* [I **had** just **finished** studying, when Maria arrived]. *See also* **indicative mode**.

Present indicative
We use this mode and tense when we want to describe what is happening in the present: *mangio un panino* [I eat a sandwich]. *See also* **indicative mode**.

Present perfect indicative
This describes what has just happened: *è arrivata Maria* [Maria arrived / has arrived]. Nevertheless, in colloquial Italian, and especially in the North, this tense can be used to describe actions that happened many years ago. *See also* **indicative mode**.

Present subjunctive
It expresses a supposition in the present: *credo che Maria abiti a Verona*, I believe / suppose that Maria lives in Verona. *See also* **subjunctive mode**.

Pronouns

Just as in English, in Italian verbs are often used with pronouns. These are grammatic elements which replace the **noun** they refer to [from Latin *pro-nomen* 'in-place-of-the-noun'], for example in *John loves Mary*, ***he*** [John] *loves* ***her*** [Mary]. Here ***he*** and ***her*** are **personal pronouns**. *He* is used in its **nominative form**, which is the form of the subject (that does the action of loving) and *her* is used in its **accusative form**, which is the form of the object (that is acted on by the subject, in this example is loved). When we say *John gives* ***her*** *a rose*, the pronoun ***her*** is bent in its **dative** form, meaning *to her*. Similarly in Italian we use pronouns with verbs, and also in Italian we have to bend – to adapt – them to the context of our speech.

personal pronouns

nominative	**dative**	**accusative**
io [I]	*mi* and *a me* [me *and* to me]	*mi* and *me* [me]
tu [you]	*ti* and *a te* [you *and* to you]	*ti* and *te* [you]
lui [he]	*gli* and *a lui* [him *and* to him]	*lo* [him]
lei [she]	*le* and *a lei* [her *and* to her]	*la* [her]
noi [we]	*ci* and *a noi* [us *and* to us]	*ci* [us]
voi [you]	*vi* and *a voi* [you *and* to you]	*vi* [you]
loro [they]	*gli*, *loro*, and *a loro* [them *and* to them]	*li* and *loro* [them]

Examples of the use of personal pronouns:
Li vedo [I see them]
Ti ascolto [I am listening to you]
Gli do un panino [I give *him* a sandwich *or* I give *them* sandwiches]

As well as the personal pronouns there is another group of pronouns very often used in relation to Italian verbs. These are the **reflexive pronouns**, and the verbs they refer to are **reflexive verbs**.

reflexive pronouns
lavarsi: *lavare se stesso* [to wash oneself] first conjugation regular verb:

io *mi* lav-o	noi *ci* lav-iamo
tu *ti* lav-i	voi *vi* lav-ate
lui / lei *si* lav-a	loro *si* lav-ano

Reflexive verbs
In Italian many verbs are used in reflexive form, either as a rule, as in *accorgersi* [to become aware], or according to the context, as in *lavare* [to wash] which becomes reflexive, *lavarsi*, when it is used with the meaning of washing *oneself*. When a verb is used in reflexive form, it must be preceeded by a reflexive pronoun. Reflexive verbs bend according to their conjugations and take the auxiliary *essere* in their compound tenses: *mi sono lavato* [I washed myself], *ti eri lavato* [you had washed yourself].

Regular verbs
Regular verbs are those verbs which regularly follow the desinences of the three Italian conjugations.

Root
The root of a verb is that part which normally remains unchanged during bending, for example ***dorm**-ire*, to sleep. Nevertheless, many irregular verbs do change even their stems during bending. This is because they are the modern result of ancient synonymous verbs which with time have been moulded together into one single verb.

Stem
See **root**, *above.*

Subjunctive mode
This is rarely used in English, where it survives in expressions such as *if I were you*, and *God save the Queen*. In Italian the subjunctive is much more widely used. It expresses supposition, uncertainty, possibility or a personal attitude. It is often easily recognisable because in most cases it is preceeded by the conjunction *che*: *credo* ***che*** *Maria* ***faccia*** *la maestra* [I believe **that** Maria **is** a school teacher].

Tenses
Tenses indicate in which segment of time something takes place: in the present, in the past, or in the future.

Transitive verbs
Transitive verbs are those verbs which can switch from **active** to **passive** form.

TO ABANDON *abbandonare* [abbandon-are], *tr.*
Gerund *abbandonando* **Past participle** *abbandonat*
Imperative tu, abbandona! (non abbandonare!); che lui/lei (non) abbandoni!; noi, (non) abbandoniamo! voi, (non) abbandonate!; che loro (non) abbandonino

Present indicative
abbandono
abbandoni
abbandona
abbandoniamo
abbandonate
abbandonano

Imperfect indicative
abbandonavo
abbandonavi
abbandonava
abbandonavamo
abbandonavate
abbandonavano

Present perfect
ho abbandonato
hai abbandonato
ha abbandonato
abbiamo abbandonato
avete abbandonato
hanno abbandonato

Past perfect
avevo abbandonato
avevi abbandonato
aveva abbandonato
avevamo abbandonato
avevate abbandonato
avevano abbandonato

Future
abbandonerò
abbandonerai
abbandonerà
abbandoneremo
abbandonarete
abbandoneranno

Present conditional
abbandonerei
abbandoneresti
abbandonerebbe
abbandoneremmo
abbandonereste
abbandonerebbero

Present subjunctive
che io abbandoni
che tu abbandoni
che lui/lei abbandoni
che noi abbandoniamo
che voi abbandoniate
che loro abbandonino

Imperfect subjunctive
che io abbandonassi
che tu abbandonassi
che lui/lei abbandonasse
che noi abbandonassimo
che voi abbandonaste
che loro abbandonasser

TO ACCUSE *accusare* [accus-are], *tr*.
Gerund *accusando* **Past participle** *accusato*
Imperative tu, accusa! (non accusare!); che lui/lei (non) accusi!; noi, (non) accusiamo!; voi, (non) accusate!; che loro (non) accusino!

Present indicative
accuso
accusi
accusa
accusiamo
accusate
accusano

Imperfect indicative
accusavo
accusavi
accusava
accusavamo
accusavate
accusavano

Present perfect
ho accusato
hai accusato
ha accusato
abbiamo accusato
avete accusato
hanno accusato

Past perfect
avevo accusato
avevi accusato
aveva accusato
avevamo accusato
avevate accusato
avevano accusato

Future
accuserò
accuserai
accuserà
accuseremo
accuserete
accuseranno

Present conditional
accuserei
accuseresti
accuserebbe
accuseremmo
accusereste
accuserebbero

Present subjunctive
che io accusi
che tu accusi
che lui/lei accusi
che noi accusiamo
che voi accusiate
che loro accusino

Imperfect subjunctive
che io accusassi
che tu accusassi
che lui/lei accusasse
che noi accusassimo
che voi accusaste
che loro accusassero

TO ALLOW *permettere* [permett-ere], *tr*.
Gerund *permettendo* **Past participle** *permesso*
Imperative tu, permetti! (non permettere!); che lui/lei (non) permetta!; noi, (non) permettiamo!; voi, (non) permettete! che loro (non) permettano!

Present indicative
permetto
permetti
permette
permettiamo
permettete
permettono

Imperfect indicative
permettevo
permettevi
permetteva
permettavamo
permettavate
permettevano

Present perfect
ho permesso
hai permesso
ha permesso
abbiamo permesso
avete permesso
hanno permesso

Past perfect
avevo permesso
avevi permesso
aveva permesso
avevamo permesso
avevate permesso
avevano permesso

Future
permetterò
permetterai
permetterà
permetteremo
permetterete
permetteranno

Present conditional
permetterei
permetteresti
permetterebbe
permetteremmo
permettereste
permetterebbero

Present subjunctive
che io permetta
che tu permetta
che lui/lei permetta
che noi permettiamo
che voi permettiate
che loro permettano

Imperfect subjunctive
che io permettessi
che tu permettessi
che lui/lei permettesse
che noi permettessimo
che voi permetteste
che loro permettessero

TO ANSWER *rispondere* [rispond-ere], *tr.*
Gerund *rispondendo* **Past participle** *risposto*
Imperative tu, rispondi! (non rispondere!); che lui/lei (non) risponda!; noi, (non) rispondiamo!; voi, (non) rispondete!; che loro (non) rispondano!

Present indicative
rispondo
rispondi
risponde
rispondiamo
rispondete
rispondono

Imperfect indicative
rispondevo
rispondevi
rispondeva
rispondevamo
rispondevate
rispondevano

Present perfect
ho risposto
hai risposto
ha risposto
abbiamo risposto
avete risposto
hanno risposto

Past perfect
avevo risposto
avevi risposto
aveva risposto
avevamo risposto
avevate risposto
avevano risposto

Future
risponderò
risponderai
risponderà
risponderemo
risponderete
risponderanno

Present conditional
risponderei
risponderesti
risponderebbe
risponderemmo
rispondereste
risponderebbero

Present subjunctive
che io risponda
che tu risponda
che lui/lei risponda
che noi rispondiamo
che voi rispondiate
che loro rispondano

Imperfect subjunctive
che io rispondessi
che tu rispondessi
che lui/lei rispondesse
che noi rispondessimo
che voi rispondeste
che loro rispondessero

TO ASK *chiedere* [chied-ere], *tr*.
Gerund *chiedendo* **Past participle** *chiesto*
Imperative tu, chiedi!; (non chiedere!); che lui/lei (non) chieda!; noi, (non) chiediamo!; voi, (non) chiedete!; che loro (non) chiedano!

Present indicative
chiedo
chiedi
chiede
chiediamo
chiedete
chiedono

Imperfect indicative
chiedevo
chiedevi
chiedeva
chiedevamo
chiedevate
chiedevano

Present perfect
ho chiesto
hai chiesto
ha chiesto
abbiamo chiesto
avete chiesto
hanno chiesto

Past perfect
avevo chiesto
avevi chiesto
aveva chiesto
avevamo chiesto
avevate chiesto
avevano chiesto

Future
chiederò
chiederai
chiederà
chiederemo
chiederete
chiederanno

Present conditional
chiederei
chiederesti
chiederebbe
chiederemmo
chiedereste
chiederebbero

Present subjunctive
che io chieda
che tu chieda
che lui/lei chieda
che noi chiediamo
che voi chiediate
che loro chiedano

Imperfect subjunctive
che io chiedessi
chre tu chiedessi
che lui/lei chiedesse
che noi chiedessirno
che voi chiedeste
che loro chiedessero

TO AVOID *evitare* [evit-are] *tr.*
Gerund *evitando* **Past participle** *evitato*
Imperative tu, evita! (non evitare!); che lui/lei (non) eviti!; noi, (non) evitiamo!; voi, evitate!; che loro (non) evitino!

Present indicative
evito
eviti
evita
evitiamo
evitate
evitano

Imperfect indicative
evitavo
evitavi
evitava
evitavamo
evitavate
evitavano

Present perfect
ho evitato
hai evitato
ha evitato
abbiamo evitato
avete evitato
hanno evitato

Past perfect
avevo evitato
avevi evitato
aveva evitato
avevamo evitato
avevate evitato
avevano evitato

Future
eviterò
eviterai
eviterà
eviteremo
eviterete
eviteranno

Present conditional
eviterei
eviteresti
eviterebbe
eviteremmo
evitereste
eviterebbero

Present subjunctive
che io eviti
che tu eviti
che lui/lei eviti
che noi evitiamo
che voi evitiate
che loro evitino

Imperfect subjunctive
che io evitassi
che tu evitassi
che lui/lei evitasse
che noi evitassimo
che voi evitaste
che loro evitassero

TO BE *essere* [ess-ere] *irreg., intr.*
Gerund *essendo* **Past participle** *stato*
Imperative tu, sii! (non essere!); che lui/lei, (non) sia!; noi, (non) siamo! ; voi, (non) siate! che loro (non) siano!

Present indicative
sono
sei
è
siamo
siete
sono

Imperfect indicative
ero
eri
era
eravamo
eravate
erano

Present perfect
sono stato
sei stato
è stato
siamo stati
siete stati
sono stati

Past perfect
ero stato
eri stato
era stato
eravamo stati
eravate stati
eravano stati

Future
sarò
sarai
sarà
saremo
sarete
saranno

Present conditional
sarei
saresti
sarebbe
saremmo
sareste
sarebbero

Present subjunctive
che io sia
che tu sia
che lui/lei sia
che noi siamo
che voi siate
che loro siano

Imperfect subjunctive
che io fossi
che tu fossi
che lui/lei fosse
che noi fossimo
che voi foste
che loro fossero

TO BE ABLE TO can, may *potere* [pot-ere], *auxil.*, *irreg.*, *intr.*
Gerund *potendo* **Past participle** *potuto*
Imperative tu, puoi! (non potere!); che lui/lei (non) possa!; noi, (non) possiamo!; voi, (non) potete!; che loro (non) possano!

Present indictive
posso
puoi
può
possiamo
potete
possono

Imperfect indicative
potevo
potevi
poteva
potevamo
potevate
potevano

Present perfect
ho potuto
hai potuto
ha potuto
abbiamo potuto
avete potuto
hanno potuto

Past perfect
avevo potuto
avevi potuto
aveva potuto
avevamo potuto
avevate potuto
avevano potuto

Future
potrò
potrai
potrà
potremo
potrete
potranno

Present conditional
potrei
potresti
potrebbe
potremmo
potreste
potrebbero

Present subjunctive
che io possa
che tu possa
che lui/lei possa
che noi possiamo
che voi possiate
che loro possano

Imperfect subjunctive
che io potessi
che tu potessi
che lui/lei potesse
che noi potessimo
che voi poteste
che loro potessero

TO BE BORED *annoiarsi* [annoi-are se stesso], *refl.*
Gerund *annoiandosi* **Past participle** *annoiatosi*.
Imperative tu, annoiati! (non annoiarti!); che lui/lei (non) si annoi!; noi, (non) annoiamoci!; voi, (non) annoiatevi!; che loro (non) si annoino!

Present indicative
mi annoio
ti annoi
si annoia
ci annoiamo
vi annoiate
si annoiano

Future
mi annoierò
ti annoierai
si annoierà
ci annoieremo
vi annoierete
si annoieranno

Imperfect indicative
mi annoiavo
ti annoiavi
si annoiava
ci annoiavamo
vi annoiavate
si annoiavano

Present conditional
mi annoierei
ti annoieresti
si annoierebbe
ci annoieremmo
vi annoiereste
si annoierebbero

Present perfect
mi sono annoiato
ti sei annoiato
si è annoiato
ci siamo annoiati
vi siete annoiati
si sono annoiati

Present subjunctive
che io mi annoi
che tu ti annoi
che lui/lei si annoi
che noi ci annoiamo
che voi vi annoiate
che loro si annoino

Past perfect
mi ero annoiato
ti eri annoiato
si era annoiato
ci eravamo annoiati
vi eravate annoiati
si erano annoiati

Imperfect subjunctive
che io mi annoiassi
che tu ti annoiassi
che lui/lei si annoiasse
che noi ci annoiassimo
che voi vi annoiaste
che loro si annoiassero

TO BE BORN *nascere* [nasc-ere], *irreg.* and *intr.*
Gerund *nascendo* **Past participle** *nato*
Imperative tu, nasci! (non nascere!); che lui/lei (non) nasca! noi, (non) nasciamo!; voi, (non) nascete!; che loro (non) nascano!

Present indicative
nasco
nasci
nasce
nasciamo
nascete
nascono

Imperfect indicative
nascevo
nascevi
nasceva
nascevamo8
nascevate
nascevano

Present perfect
sono nato
sei nato
è nato
siamo nati
siete nati
sono nati

Past perfect
ero nato
eri nato
era nato
eravamo nati
eravate nati
erano nati

Future
nascerò
nascerai
nascerà
nasceremo
nascerete
nasceranno

Present conditional
nascerei
nasceresti
nascerebbe
nasceremmo
nascereste
nascerebbero

Present subjunctive
che io nasca
che tu nasca
che lui/lei nasca
che noi nasciamo
che voi nasciate
che loro nascano

Imperfect subjunctive
che io nascessi
che tu nascessi
che lui/lei nascesse
che noi nascessimo
che voi nasceste
che loro nascessero

TO BE MISTAKEN *sbagliarsi* [sbagli-are se stesso], *refl.*
Gerund *sbagliandosi* **Past participle** *sbagliatosi*
Imperative tu, sbagliati! (non sbagliarti!); che lui/lei (non) si sbagli! noi, (non) sbagliamoci!; voi, (non) sbagliatevi!; che loro (non) si sbaglino!

Present indicative
mi sbaglio
ti sbagli
si sbaglia
ci sbagliamo
vi sbagliate
si sbagliano

Imperfect indicative
mi sbagliavo
ti sbagliavi
si sbagliava
ci sbagliavamo
vi sbagliavate
si sbagliavano

Present perfect
mi sono sbagliato
ti sei sbagliato
si è sbagliato
ci siamo sbagliati
vi siete sbagliati
si sono sbagliati

Past perfect
mi ero sbagliato
ti eri sbagliato
si era sbagliato
ci eravamo sbagliati
vi eravate sbagliati
si erano sbagliati

Future
mi sbaglierò
ti sbaglierai
si sbaglierà
ci sbaglieremo
vi sbaglierete
si sbaglieranno

Present conditional
mi sbaglierei
ti sbaglieresti
si sbaglierebbe
ci sbaglieremmo
vi sbagliereste
si sbaglierebbero

Present subjunctive
che io mi sbagli
che tu ti sbagli
che lui/lei si sbagli
che noi ci sbagliamo
che voi vi sbagliate
che loro si sbaglino

Imperfect subjunctive
che io mi sbagliassi
che tu ti sbagliassi
che lui/lei si sbagliasse
che noi ci sbagliassimo
che voi vi sbagliaste
che loro si sbagliassero

TO BE ON STRIKE *scioperare* [scioper-are], *intr*.
Gerundio *scioperand* **Past participle** *scioperato*
Imperative tu, sciopera! (non scioperare!); che lui/lei (non) scioperi!; noi, (non) scioperiamo!; voi, (non) scioperate!; che loro (non) scioperino!

Present indicative
sciopero
scioperi
sciopera
scioperiamo
scioperate
scioperano

Imperfect indicative
scioperavo
scioperavi
scioperava
scioperavamo
scioperavate
scioperavano

Present Perfect
ho scioperato
hai scioperato
ha scioperato
abbiamo scioperato
avete scioperato
hanno scioperato

Past perfect
avevo scioperato
avevi scioperato
aveva scioperato
avevamo scioperato
avevate scioperato
avevano scioperato

Future
sciopererò
sciopererai
sciopererà
sciopereremo
sciopererete
sciopereranno

Present conditional
sciopererei
sciopereresti
sciopererebbe
sciopereremmo
scioperereste
sciopererebbero

Present subjunctive
che io scioperi
che tu scioperi
che lui/lei scioperi
che noi scioperiamo
che voi scioperiate
che loro scioperino

Imperfect subjunctive
che io scioperassi
che tu scioperasssi
che lui/lei scioperasse
che noi scioperassimo
che voi scioperaste
che loro scioperassero

TO BE WORTH, to be of value *valere* [val-ere], *intr.*
Gerund *valendo* **Past participle** *valso*
Imperative tu, vali! (non valere!); che lui/lei (non) valga!; noi, (non) valiamo!; voi, (non) valete!; che loro (non) valgano!

Present indicative
valgo
vali
vale
valiamo
valete
valgono

Future
varrò
varrai
varrà
varremo
varrete
varranno

Imperfect indicative
valevo
valevi
valeva
valevamo
valevate
valevano

Present conditional
varrei
varresti
varrebbe
varremmo
varreste
varrebbero

Present perfect
sono valso
sei valso
è valso
siamo valsi
siete valsi
sono valsi

Present subjunctive
che io valga
che tu valga
che lui/lei valga
che noi valiamo
che voi valiate
che loro valgano

Past perfect
ero valso
eri valso
era valso
eravamo valsi
eravate valsi
erano valsi

Imperfect subjunctive
che io valessi
che tu valessi
che lui/lei valesse
che noi valessimo
che voi valeste
che loro valessero

TO BECOME *diventare* [divent-are], *tr.*
Gerund *diventando* **Past participle** *diventato*
Imperative tu, diventa! (non diventare!); che lui/lei (non) diventi!; noi, (non) diventiamo!; voi, (non) diventate!; che loro (non) diventino!

Present indicative
divento
diventi
diventa
diventiamo
diventate
diventano

Imperfect indicative
diventavo
diventavi
diventava
diventavamo
diventavate
diventavano

Present perfect
sono diventato
sei diventato
è diventato
siamo diventati
siete diventati
sono diventati

Past perfect
ero diventato
eri diventato
era diventato
eravamo diventati
eravate diventati
erano diventati

Future
diventerò
diventerai
diventerà
diventeremo
diventerete
diventeranno

Present conditional
diventerei
diventeresti
diventerebbe
diventerenuno
diventereste
diventerebbero

Present subjunctive
che io diventi
che tu diventi
che lui/lei diventi
che noi diventiamo
che voi diventiate
che loro diventino

Imperfect subjunctive
che io diventassi
che tu diventassi
che lui/lei diventasse
che noi diventassimo
che voi diventaste
che loro diventassero

TO BECOME AWARE OF *accorgersi di* [accorg-ere se stesso di], *refl.* **Gerund** *accorgendosi* **Past participle** *accortosi*
Imperative tu, accorgiti!; che lui/lei (non) si accorga!; noi, (non) accorgiamoci!; voi, (non) accorgetevi! che loro (non) si accorgano!

Present indicative
mi accorgo
ti accorgi
si accorge
ci accorgiamo
vi accorgete
si accorgono

Imperfect indicative
mi accorgevo
ti accorgevi
si accorgeva
ci accorgevamo
vi accorgevate
si accorgevano

Present perfect
mi sono accorto
ti sei accorto
si è accorto
ci siamo accorti
vi siete accorti
si sono accorti

Past perfect
mi ero accorto
ti eri accorto
si era accorto
ci eravamo accorti
vi eravate accorti
si erano accorti

Future
mi accorgerò
ti accorgerai
si accorgerà
ci accorgeremo
vi accorgerete
si accorgeranno

Present conditional
mi accorgerei
ti accorgeresti
si accorgerebbe
ci accorgeremrrio
vi accorgereste
si accorgerebbero

Present subjunctive
che io mi accorga
che tu ti accorga
che lui/lei si accorga
che noi ci accorgiamo
che voi vi accorgiate
che loro si accorgano

Imperfect subjunctive
che io mi accorgessi
che tu ti accorgessi
che lui/lei si accorgesse
che noi ci accorgessimo
che voi vi accorgeste
che loro si accorgessero

TO BEGIN, to start *cominciare* [cominci-are] *tr*.
Gerund *cominciando* **Past participle** *cominciato*
Imperative tu, comincia! (non cominciare!); che lui/lei (non) cominci!; noi, (non) cominciamo!; voi, (non) cominciate!; che loro (non) comincino!

Present indicative
comincio
cominci
comincia
cominciamo
cominciate
cominciano

Imperfect indicative
cominciavo
cominciavi
cominciava
cominciavamo
cominciavate
cominciavano

Present perfect
ho cominciato
hai cominciato
ha cominciato
abbiamo cominciato
avete cominciato
hanno cominciato

Past perfect
avevo cominciato
avevi cominciato
aveva cominciato
avevamo cominciato
avevate cominciato
avevano cominciato

Future
comincerò
comincerai
comincerà
cominceremo
comincerete
cominceranno

Present conditional
comincerei
cominceresti
comincerebbe
cominceremmo
comincereste
comincerebbero

Present subjunctive
che io cominci
che tu cominci
che lui/lei cominci
che noi cominciamo
che voi cominciate
che loro comincino

Imperfect subjunctive
che io cominciassi
che tu cominciassi
che lui/lei cominciasse
che noi cominciassimo
che voi cominciaste
che loro cominciassero

TO BELIEVE *credere* [cred-ere], *tr*.
Gerund *credendo* **Past participle** *creduto*
Imperative tu, credi! (non credere!); che lui/lei (non) creda!; noi, (non) crediamo!; voi, (non) credete!; che loro (non) credano!

Present indicative
credo
credi
crede
crediamo
credete
credono

Imperfect indicative
credevo
credevi
credeva
credevamo
credevate
credevano

Present perfect
ho creduto
hai creduto
ha creduto
abbiamo creduto
avete creduto
hanno creduto

Past perfect
avevo creduto
avevi creduto
aveva creduto
avevamo creduto
avevate creduto
avevano creduto

Future
crederò
crederai
crederà
crederemo
crederete
crederanno

Present conditional
crederei
crederesti
crederebbe
crederemmo
credereste
crederebbero

Present subjunctive
che io creda
chetu creda
che lui/lei creda
che noi crediamo
che voi crediate
che loro credano

Imperfect subjunctive
che io credessi
che tu credessi
che lui/lei credesse
che noi credessimo
che voi credeste
che loro credessero

TO BIND, to tie *legare* [leg-are], *tr.*
Gerund *legando* **Past participle** *legato*
Imperative tu, lega! (non legare!); che lui/lei (non) leghi!; noi, (non) leghiamo!; voi, (non) legate!; che loro (non) leghino!

Present indicative
lego
leghi
lega
leghiamo
legate
legano

Imperfect indicative
legavo
legavi
legava
legavamo
legavate
legavano

Present perfect
ho legato
hai legato
ha legato
abbiamo legato
avete legato
hanno legato

Past perfect
avevo legato
avevi legato
aveva legato
avevamo legato
avevate legato
avevano legato

Future
legherò
legherai
legherà
legheremo
legherete
legheranno

Present conditional
legherei
legheresti
legherebbe
legheremmo
leghereste
legherebbero

Present subjunctive
che io leghi
che tu leghi
che lui/lei leghi
che noi leghiarno
che voi leghiate
che loro leghino

Imperfect subjunctive
che io legassi
che tu legassi
che lui/lei legasse
che noi legassimo
che voi legaste
che loro legassero

TO BREAK *rompere* [romp-ere], *tr*.
Gerund *rompendo* **Past participle** *rotto*
Imperative tu, rompi! (non rompere!); che lui/lei (non) rompa!; noi, (non) rompiamo!; voi, (non) rompete!; che loro (non) rompano!

Present indicative
rompo
rompi
rompe
rompiamo
rompete
rompono

Imperfect indicative
rompevo
rompevi
rompeva
rompevamo
rompevate
rompevano

Present perfect
ho rotto
hai rotto
ha rotto
abbiamo rotto
avete rotto
hanno rotto

Past perfect
avevo rotto
avevi rotto
aveva rotto
avevamo rotto
avevate rotto
avevano rotto

Future
romperò
romperai
romperà
romperemo
romperete
romperanno

Present conditional
romperci
romperesti
romperebbe
romperemmo
rompereste
romperebbero

Present subjunctive
chenio rompa
che tu rompa
che lui/lei rompa
che noi rompiamo
che voi rompiate
che loro rompano

Imperfect subjunctive
che io rompessi
che tu rompessi
che lui/lei rompesse
che noi rompessimo
che voi rompeste
che loro rompessero

TO BRING, to carry, to wear *portare* [port-are], *tr.*
Gerund *portando* **Past participle** *portato*
Imperative tu, porta! (non portare!); che lui/lei (non) porti!; noi, (non) portiamo!; voi, (non) portate! che loro (non) portino!

Present indicative
porto
porti
porta
portiamo
portate
portano

Imperfect indicative
portavo
portavi
portava
portavamo
portavate
portavano

Present perfect
ho portato
hai portato
ha portato
abbiamo portato
avete portato
hanno portato

Past perfect
avevo portato
avevi portato
aveva portato
avevamo portato
avevate portato
avevano portato

Future
porterò
porterai
porterà
porteremo
porterete
porteranno

Present conditional
porterei
porteresti
porterebbe
porteremmo
portereste
porterebbero

Present subjunctive
che io porti
che tu porti
che lui/lei porti
che noi portiamo
che voi portiate
che loro portino

Imperfect subjunctive
che io portassi
che tu portassi
che lui/lei
che noi portassimo
che voi porteste
che loro portassero

TO BUILD *costruire* [costru-ire], *tr.*
Gerund *costruendo* **Past participle** *costruito*
Imperative tu, costruisci! (non costruire!); che lui/lei (non) costruisca!; noi, (non) costruiamo!; voi, (non) costruite!; che loro (non) costruiscano!

Present indicative
costruisco
costruisci
costruisce
costruiamo
costruite
costruiscono

Imperfect indicative
costruivo
costruivi
costruiva
costruivamo
costruivate
costruivano

Present prefect
ho costruito
hai costruito
ha costruito
abbiamo costruito
avete costruito
hanno costruito

Past perfect
avevo costruito
avevi costruito
aveva costruito
avevamo costruito
avevate costruito
avevano costruito

Future
costruirò
costruirai
costruirà
costruiremo
costruirete
costruiranno

Present conditional
costruirei
costruiresti
costruirebbe
costruiremmo
costruireste
costruirebbero

Present subjunctive
che io costruisca
che tu costruisca
che lui/lei costruisca
che noi costruiamo
che voi costruiste
che loro costruissero

Imperfect subjunctive
che io costruissi
che tu costruisse
che lui/lei costruisse
che noi costruissimo
che voi costruiste
che loro costruissero

TO BURN *bruciare* [bruci-are], *tr.*
Gerund *bruciando* **Past participle** *bruciato*
Imperative tu, brucia! (non bruciare!); che lui/lei (non) bruci!; noi, (non) bruciamo!; voi, (non) bruciate!; che loro (non) brucino!

Present indicative
brucio
bruci
brucia
bruciamo
bruciate
bruciano

Imperfect indicative
bruciavo
bruciavi
bruciava
bruciavamo
bruciavate
bruciavano

Present perfect
ho bruciato
hai bruciato
ha bruciato
abbiamo bruciato
avete bruciato
hanno bruciato

Past perfect
avevo bruciato
avevi bruciato
aveva bruciato
avevamo bruciato
avevate bruciato
avevano bruciato

Future
brucerò
brucerai
brucerà
bruceremo
brucerete
bruceranno

Present conditional
brucerei
bruceresti
brucerebbe
bruceremmo
brucereste
brucerebbero

Present subjunctive
che io bruci
che tu bruci
che lui/lei bruci
che noi bruciamo
che voi bruciate
che loro brucino

Imperfect subjunctive
che io bruciassi
che tu bruciassi
che lui/lei bruciasse
che noi bruciassimo
che voi bruciaste
che loro bruciassero

TO BUY *comprare* [comp[e]r-are], *tr*.
Gerund *comprando* **Past participle** *comprato*
Imperative tu, compra! (non comprare!); che lui/lei (non) compri!; noi, (non) compriamo!; voi, (non) comprarte!; che loro (non) comprino!

Present indicative
compro
compri
compra
compriamo
comprate
comprano

Imperfect indicative
compravo
compravi
comprava
compravamo
compravate
compravano

Present perfect
ho comprato
hai comprato
ha comprato
abbiamo comprato
avete comprato
hanno comprato

Past perfect
avevo comprato
avevi comprato
aveva comprato
avevamo comprato
avevate comprato
avevano comprato

Future
comprerò
comprerai
comprerà
compreremo
comprerete
compreranno

Present conditional
comprerei
compreresti
comprerebbe
compreremmo
comprereste
comprerebbero

Present subjunctive
che io compri
che tu compri
che lui/lei compri
che noi compriamo
che voi compriate
che loro comprino

Imperfect subjunctive
che io comprassi
che tu comprassi
che lui/lei comprasse
che noi comprassimo
che voi compraste
che loro comprassero

TO CALL *chiamare* [chiam-are], *tr*.
Gerund *chiamando* **Past participle** *chiamato*
Imperative tu, chiama! (non chiamare!); che lui/lei (non) chiami!; noi, (non) chiamiamo!; voi, (non) chiamate!; che loro (non) chiamino!

Present indicative
chiamo
chiami
chiama
chiamiamo
chiamate
chiamano

Imperfect indicative
chiamavo
chiamavi
chiamava
chiamavamo
chiamavate
chiamavano

Present perfect
ho chiamato
hai chiamato
ha chiamato
abbiamo chiamato
avete chiamato
hanno chiamato

Past perfect
avevo chiamato
avevi chiamato
aveva chiamato
avevamo chiamato
avevate chiamato
avevano chiamato

Future
chiamerò
chiamerai
chiamerà
chiameremo
chiamerete
chiameranno

Present conditional
chiamerei
chiameresti
chiamerebbe
chiameremmo
chiamereste
chiamerebbero

Present subjunctive
che io chiami
che tu chiami
che lui/lei chiami
che noi chiamiamo
che voi chiamiate
che loro chiamino

Imperfect subjunctive
che io chiamassi
che tu chiamassi
che lui/lei chiamasse
che noi chiamassimo
che voi chiamaste
che loro chiamassero

TO CHANGE *cambiare* [cambi-are], *tr.*
Gerund *cambiando* **Past participle** *cambiato*
Imperative tu, cambia!; che lui/lei cambi!; noi, (non) cambiamo!; voi, (non) cambiate!; che loro (non) cambino!

Present indicative
cambio
cambi
cambia
cambiamo
cambiate
cambiano

Imperfect indicative
cambiavo
cambiavi
cambiava
cambiavamo
cambiavate
cambiavano

Present perfect
ho cambiato
hai cambiato
ha cambiato
abbiamo cambiato
avete cambiato
hanno cambiato

Past perfect
avevo cambiato
avevi cambiato
aveva cambiato
avevamo cambiato
avevate cambiato
avevano cambiato

Future
cambierò
cambierai
cambierà
cambieremo
cambierete
cambieranno

Present conditional
cambierei
cambieresti
cambierebbe
cambieremmo
cambiereste
cambierebbero

Present subjunctive
che io cambi
che tu cambi
che lui/lei cambi
che noi cambiamo
che voi cambiate
che loro cambino

Imperfect subjunctive
che io cambiassi
che tu cambiassi
che lui/lei cambiasse
che noi cambiassimo
che voi cambiaste
che loro cambiassero

TO CHOOSE *scegliere* [sciegli-ere], *tr*.
Gerund *scegliendo* **Past participle** *scelto*
Imperative tu, scegli! (non scegliere!); che lui/lei (non) scelga!; noi, (non) scegliamo!; voi, (non) scegliete!; che loro (non) scelgano!

Present indicative
scelgo
scegli
sceglie
scegliamo
scegliete
scelgono

Imperfect indicative
sceglievo
sceglievi
sceglieva
sceglievamo
sceglievate
sceglievano

Present perfect
ho scelto
hai scelto
ha scelto
abbiamo scelto
avete scelto
hanno scelto

Past perfect
avevo scelto
avevi scelto
aveva scelto
avevamo scelto
avevate scelto
avevano scelto

Future
sceglierò
sceglierai
sceglierà
sceglieremo
sceglierete
sceglieranno

Present conditional
sceglierei
sceglieresti
sceglierebbe
sceglieremmo
scegliereste
sceglierebbero

Present subjunctive
che io scelga
che tu scelga
che lui/lei scelga
che noi scegliamo
che voi scegliate
che loro scelgano

Imperfect subjunctive
che io scegliessi
che tu scegliessi
che lui/lei scegliesse
che noi scegliessimo
che voi sceglieste
che loro scegliessero

TO CLEAN *pulire* [pul-ire], *tr.*
Gerund *pulendo* **Past participle** *pulito*
Imperative tu, pulisci! (non pulire!); che lui/lei (non) pulisca!; noi, (non) puliamo!; voi, (non) pulite!; che loro (non) puliscano!

Present indicative
pulisco
pulisci
pulisce
puliaino
pulite
puliscono

Future
pulirò
pulirai
pulirà
puliremo
pulirete
puliranno

Imperfect indicative
pulivo
pulivi
puliva
pulivaino
pulivate
pulivano

Present conditional
pulirei
puliresti
pulirebbe
puliremmo
pulireste
pulirebbero

Prsent perfect
ho pulito
hai pulito
ha pulito
abbiamo pulito
avete pulito
hanno pulito

Present subjunctive
che io pulisca
che tu pulisca
che lui/lei pulisca
che noi puliamo
cjh voi puliate
che loro puliscano

Past perfect
avevo pulito
avevi pulito
aveva pulito
avevamo pulito
avevate pulito
avevano pulito

Imperfect subjunctive
che io pulissi
che tu pulissi
che lui/lei pulisse
che noi pulissimo
che voi puliste
che loro pulissero

TO CLOSE, to shut *chiudere* [chiud-ere], *tr.*
Gerund *chiudendo* **Past participle** *chiuso*
Imperative tu, chiudi!; (non chiudere!); che lui/lei (non) chiuda!; noi, (non) chiudiamo!; voi, (non) chiudete!; che loro (non) chiudano!

Present indicative
chiudo
chiudi
chiude
chiudiamo
chiudete
chiudono

Future
chiuderò
chiuderai
chiuderà
chiuderemo
chiuderete
chiuderanno

Imperfect indicative
chiudevo
chiudevi
chiudeva
chiudevamo
chiudevate
chiudevano

Present conditional
chiuderei
chiuderesti
chiuderebbe
chiuderemmo
chiudereste
chiuderebbero

Present perfect
ho chiuso
hai chiuso
ha chiuso
abbiamo chiuso
avete chiuso
hanno chiuso

Present subjunctive
che io chiuda
che tu chiuda
che lui/lei chiuda
che noi chiudiamo
che voi chiudiate
che loro chiudano

Past perfect
avevo chiuso
avevi chiuso
aveva chiuso
avevamo chiuso
avevate chiuso
avevano chiuso

Imperfect subjunctive
che io chiudessi
che tu chiudessi
che lui/lei chiudesse
che noi chiudessimo
che voi chiudeste
che loro chiudessero

TO COME *venire* [ven-ire], *irreg.*, *intr.*
Gerund *venendo* **Past participle** *venuto*
Imperative tu, vieni! (non venire!); che lui/lei (non) venga!; noi, (non) veniamo!; voi, (non) venite!; che loro (non) vengano!

Present indicative
vengo
vieni
viene
veniamo
venite
vengono

Future
verrò
verrai
verrà
veffemo
verrete
verranno

Imperfect indicative
venivo
venivi
veniva
venivamo
venivate
venivano

Present conditional
verrei
verresti
verrebbe
verremmo
verreste
verrebbero

Present perfect
sono venuto
sei venuto
è venuto
siamo venuti
siete venuti
sono venuti

Present subjunctive
che io venga
che tu venga
che lui/lei venga
che noi veniamo
che voi veniate
che loro vengano

Past perfect
ero venuto
eri venuto
era venuto
eravamo venuti
eravate venuti
erano venuti

Imperfect subjunctive
che io venissi
che tu venissi
che lui/lei venisse
che noi venissimo
che voi veniste
che loro venissero

TO CONCLUDE *concludere* [conclud-ere], *tr.*
Gerund *concludendo* **Past participle** *concluso*
Imperative tu, concludi! (non concludere!); che lui/lei (non) concluda!; noi, (non) concludiamo!; voi, (non) concludete!; che loro (non) concludano!

Present indicative
concludo
concludi
conclude
concludiamo
concludete
concludono

Imperfect indicative
concludevo
concludevi
concludeva
concludevamo
concludevate
concludevano

Present perfect
ho concluso
hai concluso
ha concluso
abbiamo concluso
avete concluso
hanno concluso

Past perfect
avevo concluso
avevi concluso
aveva concluso
avevamo concluso
avevate concluso
avevano concluso

Future
concluderò
concluderai
concluderà
concluderemo
concluderete
concluderanno

Present conditional
concluderei
concluderesti
concluderebbe
concluderemmo
concludereste
concluderebbero

Present subjunctive
che io concluda
che tu concluda
che lui/lei concluda
che noi concludiamo
che voi concludiate
che loro concludano

Imperfect subjunctive
che io concludessi
che tu concludessi
che lui/lei concludesse
che noi concludessimo
che voi concludeste
che loro concludessero

TO CONFUSE *confondere* [confond-ere], *tr*.
Gerund *confondendo* **Past participle** *confuso*
Imperative tu, confondi! (non confondere!); che lui/lei (non) confonda!; noi, (non) confondiamo!; voi, (non) confondete!; che loro (non) confondano!

Present indicative
confondo
confondi
confonde
confondiamo
confondete
confondono

Imperfect indicative
confondevo
confondevi
confondeva
confondevamo
confondevate
confondevano

Present perfect
ho confuso
hai confuso
ha confuso
abbiamo confuso
avete confuso
hanno confuso

Past perfect
avevo confuso
avevi confuso
aveva confuso
avevamo confuso
avevate confuso
avevano confuso

Future
confonderò
confonderai
confonderà
confonderemo
confonderete
confonderanno

Present conditional
confonderei
confonderesti
confonderebbe
confonderemmo
confondereste
confonderebbero

Present subjunctive
che io confonda
che tu confonda
che lui/lei confonda
che noi confondiamo
che voi confondiate
che loro confondano

Imperfect subjunctive
che io confondessi
che tu confondessi
che lui/lei confondesse
che noi confondessimo
che voi confondeste
che loro confondessero

o CONSUME *consumare* [consumare], *tr.*
erund *consumando* **Past participle** *consumato*
mperative tu, consuma! (non consumare!); che
ui/lei (non) consumi!; noi, (non) consumiamo!;
oi, (non) consumate! che loro (non) consumino!

---

resent indicative
onsumo
onsumi
onsuma
onsumiamo
onsumate
onsumano

mperfect indicative
onsumavo
onsumavi
onsumava
onsumavamo
onsumavate
onsumavano

resent perfect
o consumato
ai consumato
a consumato
bbiamo consumato
vete consumato
anno consumato

ast perfect
vevo consumato
vevi consumato
veva consumato
vevamo consumato
vevate consumato
vevano consumato

Future
consumerò
consumerai
consumerà
consumeremo
consumerete
consumeranno

Present conditional
consumerei
consumeresti
consumerebbe
consumeremmo
consumereste
consumerebbero

Present subjunctive
che io consumi
che tu consumi
che lui/lei consumi
che noi consumiamo
che voi consumiate
che loro consumino

Imperfect subjunctive
che io consumassi
che tu consumassi
che lui/leiconsumasse
che noi consumassimo
che voi consumaste
che loro consumassero

TO CONTAIN *contenere* [conten-ere], *tr.*
Gerund *contenendo* **Past participle** *contenuto*
Imperative tu, contieni! (non contenere!); che lui/lei (non) contenga!; noi, (non) conteniamo!; voi,(non) contenete!; che loro (non) contengano!

Present indicative
contengo
contieni
contiene
conteniamo
contenete
contengono

Imperfect indicative
contenevo
contenevi
conteneva
contenevamo
contenevate
contenevano

Present perfect
ho contenuto
hai contenuto
ha contenuto
abbiamo contenuto
avete contenuto
hanno contenuto

Past perfect
avevo contenuto
avevi contenuto
aveva contenuto
avevamo contenuto
avevate contenuto
avevano contenuto

Future
conterrò
conterrai
conterrà
conterremo
conterrete
conterranno

Present conditional
conterrei
conterresti
conterrebbe
conterremmo
conterreste
conterrebbero

Present subjunctive
che io contenga
che tu contenga
che lui/lei contenga
che noi conteniamo
che voi conteniate
che loro contengano

Imperfect subjunctive
che io contenessi
che tu contenessi
che lui/lei contenesse
che noi contenessimo
che voi conteneste
che loro contenessero

TO CONTINUE *continuare* [continu-are], *tr.*
Gerund *continuando* **Past participle** *continuato*
Imperative tu, continua! (non continuare!); che lui/lei (non) continui!; noi, (non) continuiamo!; voi, (non) continuate! che loro (non) continuino!

Present indicative
continuo
continui
continua
continuiamo
contunuate
continuano

Imperfect indicative
continuavo
continuavi
continuava
continuavamo
continuavate
continuavano

Present perfect
ho continuato
hai continuato
ha continuato
abbiamo continuato
avete continuato
hanno continuato

Past perfect
avevo continuato
avevi continuato
aveva continuato
avevamo continuato
avevate continuato
avevano continuato

Future
continuerò
continuerai
continuerà
continueremo
continuerete
continuavano

Present conditional
continuerei
continueresti
continuerebbe
continueremmo
continuereste
continuerebbero

Present subjunctive
che io continui
che tu continui
che lui/lei continui
che noi continuiamo
che voi continuiate
che loro continuino

Imperfect subjunctive
che io continuassi
che tu continuassi
che lui/lei continuasse
che noi continuassimo
che voi continuaste
che loro continuassero

TO COOK *cucinare* [cucin-are] *tr.*
Gerund *cucinando* **Past participle** *cucinato*
Imperative tu, cucina!; (non cucinare!); che lui/lei (non) cucini!; noi, (non) cuciniamo!; voi, (non) cucinate!; che loro (non) cucinino!

Present indicative
cucino
cucini
cucina
cuciniamo
cucinate
cucinano

Imperfect indicative
cucinavo
cucinavi
cucinava
cucinavamo
cucinavate
cucinavano

Present perfect
ho cucinato
hai cucinato
ha cucinato
abbiamo cucinato
avete cucinato
hanno cucinato

Past perfect
avevo cucinato
avevi cucinato
aveva cucinato
avevamo cucinato
avevate cucinato
avevano cucinato

Future
cucinerò
cucinerai
cucinerà
cucineremo
cucinerete
cucineranno

Present conditional
cucinerei
cucineresti
cucinerebbe
cucineremmo
cucinereste
cucineebbero

Present subjunctive
che io cuinini
che tu cucini
che lui/lei cucini
che noi cuciniamo
che voi cuciniate
che loro cucinino

Imperfect subjunctive
che io cucinassi
che tu cucinassi
che lui/lei cucinasse
che noi cucinassimo
che voi cucinaste
che loro cucinassero

o COST *costare* [cost-are], *tr.*

erund *costando* **Past participle** *costato*

mperative tu, costa! (non costare!); che lui/lei non) costi!; noi, (non) costiamo! voi, (non) ostate!; che loro (non) costino!

---

resent indicative
osto
osti
osta
ostiamo
ostate
ostano

mperfect indicative
ostavo
ostavi
ostava
ostavamo
ostavate
ostavano

resent perfect
ono costato
ei costato
costato
iamo costati
iete costati
ono costati

ast perfect
ro costato
ri costato
ra costato
ravamo costati
ravate costati
rano costati

Future
costerò
costerai
costerà
costeremo
costerete
costeranno

Present conditional
costerei
costeresti
costerebbe
cosrteremmo
costereste
costerebbero

Present subjunctive
che io costi
che tu costi
che lui/lei costi
che noi costiamo
che voi costiate
che loro costino

Imperfect subjunctive
che io costassi
che tu costassi
che lui/lei costasse
che noi costassimo
che voi costaste
che loro costassero

TO COVER *coprire* [copr-ire], *tr*.
Gerund *coprendo* **Past participle** *coperto*
Imperative tu, copri! (non coprire!); che lui/lei (non) copra!; noi, (non) copriamo! voi,(non) coprite!; che loro (non) coprano!

Present indicative
copro
copri
copre
copriamo
coprite
coprono

Future
coprirò
coprirai
coprirà
copriremo
coprirete
copriranno

Imperfect indicative
coprivo
coprivi
copriva
coprivamo
coprivate
coprivano

Present conditional
coprirei
copriresti
coprirebbe
copriremmo
coprireste
coprirebbero

Present perfect
ho coperto
hai coperto
ha coperto
abbiamo coperto
avete coperto
hanno coperto

Present subjunctive
che io copra
che tu copra
che lui/lei copra
che noi copriamo
che voi copriate
che loro coprano

Past perfect
avevo coperto
avevi coperto
aveva coperto
avevamo coperto
avevate coperto
avevano coperto

Imperfect subjunctive
che io coprissi
che tu coprissi
che lui/lei coprisse
che noi coprissimo
che voi copriste
che loro coprissero

TO CRY, to weep *piangere* [piang-ere], *tr.* and *intr.*
Gerund *piangendo* **Past participle** *pianto*
Imperative tu, piangi! (non piangere!); che lui/lei (non) pianga!; noi, (non) piangiamo!; voi, (non) piangete!; che loro (non) piangano!

Present indicative
piango
piangi
piange
piangiamo
piangete
piangono

Imperfect indicative
piangevo
piangevi
piangeva
piangevamo
piangevate
piangevano

Present perfect
ho pianto
hai pianto
ha pianto
abbiamo pianto
avete pianto
hanno pianto

Past perfect
avevo pianto
avevi pianto
aveva pianto
avevamo pianto
avevate pianto
avevano pianto

Future
piangerò
piangerai
piangerà
piangeremo
piangerete
piangeranno

Present conditional
piangerei
piangeresti
piangerebbe
piangeremmo
piangereste
piangerebbero

Present subjunctive
che io pianga
che tu pianga
che lui/lei pianga
che noi piangiamo
che voi piangiate
che loro piangano

Imperfect subjunctive
che io piangessi
che tu piangessi
che lui/lei piangesse
che noi piangessimo
che voi piangeste
che loro piangessero

TO DECIDE *decidere* [decid-ere], *tr.*

Gerund *decidendo* **Past participle** *deciso*

Imperative tu, decidi! (non decidere!); che lui/lei (non) decida!; noi, (non) decidiamo!; voi, (non) decidete!; che loro (non) decidano!

Present indicative
decido
decidi
decide
decidiamo
decidete
decidono

Future
deciderò
deciderai
deciderà
decideremo
deciderete
decideranno

Imperfect indicative
decidevo
decidevi
decideva
decidevamo
decidevate
decidevane

Present conditional
deciderei
decideresti
deciderebbe
decideremmo
decidereste
deciderebero

Present perfect
ho deciso
hai deciso
ha deciso
abbiamo deciso
avete deciso
hanno deciso

Present subjunctive
che io decida
che tudecida
che lui/lei decida
che noi decidiamo
che voi decidiate
che loro decidano

Past perfect
avevo deciso
avevi deciso
aveva deciso
avevamo deciso
avevate deciso
avevano deciso

Imperfect subjunctive
che io decidessi
che tu decidessi
che lui/lei decidesse
che noi decidessimo
che voi decideste
che loro decidessero

TO DEFEND *difendere* [difend-ere], *tr*.
Gerund *difendendo* **Past participle** *difeso*
Imperative tu, difendi! (non difendere!); che lui/lei (non) difenda!; noi, (non) difendiamo!; voi, (non) difendete!; che loro (non) difendano!

Present indicative
difendo
difendi
difende
difendiamo
difendete
difendono

Imperfect indicative
difendevo
difendevi
difendeva
difendevamo
difendevate
difendevano

Present perfect
ho difeso
hai difeso
ha difeso
abbiamo difeso
avete difeso
hanno difeso

Past perfect
avevo difeso
avevi difeso
aveva difeso
avevamo difeso
avevate difeso
avevano difeso

Future
difenderò
difenderai
difenderà
difenderemo
difenderete
difenderanno

Present conditional
difenderei
difenderesti
difenderebbe
difenderemmo
difendereste
difenderebbero

Present subjunctive
che io difenda
che tu difenda
che lui/lei difenda
che noi difendiamo
che voi difendiate
che loro difendano

Imperfect subjunctive
che io difendessi
che tu difendessi
che lui difendesse
che noi difendessimo
che voi difendeste
che loro difendessero

TO DEPEND *dipendere* [dipend-ere], *tr*.
Gerund *dipendendo* **Past participle** *dipeso*
Imperative tu, dipendi! (non dipendere!); che lui/lei (non) dipenda!; noi, (non) dipendiamo!; voi, (non) dipendete! che loro (non) dipendano!

Present indicative
dipendo
dipendi
dipende
dipendiamo
dipendete
dipendono

Future
dipenderò
dipenderai
dipenderà
dipenderemo
dipenderete
dipenderanno

Imperfect indicative
dipendevo
dipendevi
dipendeva
dipendevamo
dipendevate
dipendevano

Present conditional
dipenderei
dipenderesti
dipenderebbe
dipenderemmo
dipendereste
dipenderebbero

Present perfect
sono dipso
sei dipeso
è dipeso
siamo dipesi
siete dipesi
sono dipesi

Present subjunctive
che io dipenda
che tu dipenda
che lui/lei dipenda
che voi dipendiamo
che voi dipendiate
che loro dipendano

Past perfect
ero dipeso
eri dipeso
era dipeso
eravamo dipesi
eravate dipesi
erano dipesi

Imperfect subjunctive
che io dipendessi
che tu dipendessi
che lui/lei dipendesse
che noi dipendessimo
che voi dipendeste
che loro dipendessero

TO DESCRIBE *descrivere* [descriv-ere], *tr.*
Gerund *descrivendo* **Past participle** *descritto*
Imperative tu, descrivi! (non descrivere!); che lui/lei (non) descriva!; noi, (non) descriviamo!; voi, (non) descrivete!; che loro (non) descrivano!

Present indicative
descrivo
descrivi
descrive
descriviamo
descrivete
descrivono

Imperfect indicative
descrivevo
descrivevi
descriveva
descrivevamo
descrivevate
descrivevano

Present perfect
ho descritto
hai descritto
ha descritto
abbiamo descritto
avete descritto
hanno descritto

Past perfect
avevo descritto
avevi descritto
aveva descritto
avevamo descritto
avevate descritto
avevano descritto

Future
descriverò
descriverai
descriverà
descriveremo
descriverete
descriveranno

Present conditional
descriverei
descriveresti
descriverebbe
descriveremmo
descrivereste
descriverebbero

Present subjunctive
che io descriva
che tu descriva
che lui/lei descriva
che noi descriviamo
che voi descriviate
che loro descrivano

Imperfect subjunctive
che io descrivessi
che tu descrivessi
che lui/lei descrivesse
che noi descrivessimo
che voi descriveste
che loro descrivessero

TO DESERVE *meritare* [merit-are], *tr*.
Gerund *meritando* **Past participle** *meritato*
Imperative tu, marita! (non meritare!); che lui/lei (non) meriti! noi, (non) meritiamo!; voi, meritate!; che loro (non) meritino!

Present indicative
merito
meriti
merita
mertiamomeritate
meritano

Future
meriterò
meriterai
meriterà
meriteremo
meriterete
meriteranno

Imperfect indicative
meritavo
meritavi
meritava
meritavamo
meritavate
meritavano

Present conditional
meriterei
meriteresti
meriterebbe
meriteremmo
meritereste
meriterebbero

Present perfect
ho meritato
hai meritato
ha meritato
abbiamo meritato
avete meritato
hanno meritato

Present subjunctive
che io meriti
che tu meriti
che lui meriti
che noi meritiamo
che voi meritiate
che loro meritino

Past perfect
avevo meritato
avevi meritato
aveva meritato
avevamo meritato
avevate meritato
avevano meritato

Imperfect subjunctive
che io meritassi
che tu meritassi
che lui/lei meritasse
che noi meritassimo
che voi meritaste
che loro meritassero

TO DESIRE *desiderare* [desider-are], *tr.*
Gerund *desiderando* **Past participle** *desiderato*
Imperative tu, desidera! (non desiderare!); che lui/lei (non) desideri!; noi, (non) desideriamo!; voi, (non) desiderate!; che loro (non) desiderino!

Present indicative
desidero
desideri
desidera
desideriamo
desiderate
desiderano

Future
desidererò
desidrerai
desidererá
desiderermo
desidererete
desidereranno

Imperfect indicative
desideravo
desideravi
desiderava
desideravamo
desideravate
desideravano

Present conditional
desidererei
desidereresti
desidererebbe
desidereremmo
desiderereste
desidererebbero

Present perfect
ho desiderato
hai desiderato
ha desiderato
abbiamo desiderato
avete desiderato
hanno desiderato

Present subjunctive
che io desideri
che tu desideri
che lui/lei desideri
che noi desideriamo
che voi desideriate
che loro desiderino

Past perfect
avevo desiderato
avevi desiderato
aveva desiderato
avevamo desiderato
avevate desiderato
avevano desiderato

Imperfect subjunctive
che io desiderassi
che tu desiderassi
che lui/lei desiderasse
che noidesiderassimo
che voi desideraste
che loro desiderassero

TO DESTROY *distruggere* [distrugg-ere], *tr*.
Gerund *distruggendo* **Past participle** *distrutto*
Imperative tu, distruggi! (non distruggere!); che lui/lei (non) distrugga!; noi, (non) distruggiamo!; voi, (non) distruggete!; che loro (non) distruggano!

Present indicative
distruggo
distryggi
distrugge
distruggiamo
distruggete
distruggono

Imperfect indicative
distruggevo
distruggevi
distruggeva
distruggevamo
distruggevate
distruggevano

Present perfect
ho distrutto
hai distrutto
ha distrutto
abbiamo distrutto
avete distrutto
hannodistrutto

Past perfect
avevo distrutto
avevi distrutto
aveva distrutto
avevamo distrutto
avevate distrutto
avevano distrutto

Future
distruggerò
distruggerai
distruggerà
distruggeremo
distruggerete
distruggeranno

Present conditional
distruggerei
distruggeresti
distruggerebbe
distruggeremmo
distruggereste
distruggerebbero

Present subjunctive
che io distrugga
che tu distrugga
che lui/lei distrugga
che noi distruggiamo
che voi distruggiate
che loro distruggano

Imperfect subjunctive
che io distruggessi
che tu distruggessi
che lui/lei distruggesse
che noi distruggessimo
che voi distruggeste
che loro distruggessero

TO DEVELOP *sviluppare* [svilupp-are], *tr.*
Gerund *sviluppando* **Past participle** *sviluppato*
Imperative tu, sviluppa! (non sviluppare!); che lui/lei (non) sviluppi!; noi, (non) sviluppiamo!; voi, (non) sviluppate!; che loro (non) sviluppino!

Present indicative
sviluppo
sviluppi
sviluppa
sviluppiamo
sviluppate
sviluppano

Imperfect indicative
sviluppavo
sviluppavi
sviluppava
sviluppavamo
sviluppavate
sviluppavano

Present perfect
ho sviluppato
hai sviluppato
ha sviluppato
abbiamo sviluppato
avete sviluppato
hanno sviluppato

Past perfect
avevo sviluppato
avevi sviluppato
aveva sviluppato
avevamo sviluppato
avevate sviluppato
avevano sviluppato

Future
svilupperò
svilupperai
svilupperà
svilupperemo
svilupperete
svilupperanno

Present conditional
svilupperei
svilupperesti
svilupperebbe
svilupperemmo
sviluppereste
svilupperebbero

Present subjunctive
che io sviluppi
che tu sviluppi
che lui/lei sviluppi
che noi sviluppiamo
che voi sviluppiate
che loro sviluppino

Imperfect subjunctive
che io sviluppassi
chge tu sviluppassi
che lui/lei sviluppasse
che noi sviluppassimo
che voi sviluppaste
che loro sviluppassero

TO DIE *morire* [mor-ire], *irreg.* and *intr.*
Gerund *morendo* **Past participle** *morto*
Imperative tu, muori! (non morire!); che lui/lei (non) muoia!; noi, (non) moriamo!; voi, (non) morite! che loro (non) muoiano!

Present indicative
muoio
muori
muore
moriarno
morite
muoiono

Future
morirò
morirai
morirà
moriremo
morirete
moriranno

Imperfect indicative
morivo
morivi
moriva
morivamo
morivate
morivano

Present conditional
morirei
moriresti
morirebbe
moriremmo
morireste
morirebbero

Present perfect
sono morto
sei morto
è morto
siamo morti
siete morti
sono morti

Present subjunctive
che io muoia
che tu muoia
che lui/lei muoia
che noi moriamo
che voi moriate
che loro muoiano

Past perfect
ero morto
eri morto
era morto
eravamo morti
eravate morti
erano morti

Imperfect subjunctive
che io morissi
che tu morissi
che lui/lei morisse
che noi morissimo
che voi moriste
che loro morissero

O DISCOVER, to uncover *scoprire* [scopr-ire], *tr.*
erund *scoprendo* **Past participle** *scoperto*
mperative tu, scopri! (non scoprire!); che lui/lei
non) scopra!; noi, (non) scopriamo!; voi, (non)
coprite!; che loro (non) scoprano!

---

resent indicative
copro
copri
copre
copriamo
coprite
coprono

Future
scoprirò
scoprirai
scoprirà
scopriremo
scoprirete
scopriranno

mperfect indicative
coprivo
coprivi
copriva
coprivamo
coprivate
coprivano

Present conditional
scoprirei
scopriresti
scoprirebbe
scopriremmo
scoprireste
scoprirebbero

resent perfect
o scoperto
ai scoperto
a scoperto
bbiamo scoperto
vete scoperto
anno scoperto

Present subjunctive
che io scopra
che tu scopra
che lui/lei scopra
che noi scopriamo
che voi scopriate
che loro scoprano

ast perfect
vevo scoperto
vevi scoperto
veva scoperto
vevamo scoperto
vevate scoperto
vevano scoperto

Imperfect subjunctive
che io scoprissi
che tu scoprissi
che lui/lei scoprisse
che noi scoprissimo
che voi scopriste
che loro scoprissero

TO DISCUSS *discutere* [discut-ere], *tr.*
Gerund *discutendo* **Past participle** *discusso*
Imperative tu, discuti! (non discutere!); che lui/lei (non) discuta!; noi, (non) discutiamo!; voi, (non) discutete!; che loro (non) discutano!

Present indicative
discuto
discuti
discute
discutiarno
discutete
discutono

Imperfect indicative
discutevo
discutevi
discuteva
discutevamo
discutevate
discutevano

Present perfect
ho discusso
hai discusso
ha discusso
abbiamo discusso
avete discusso
hanno discusso

Past perfect
avevo discusso
avevi discusso
aveva discusso
avevamo discusso
avevate discusso
avevano discusso

Future
discuterò
discuterai
discuterà
discuteremo
discuterete
discuteranno

Present conditional
discuterei
discuteresti
discuterebbe
discuteremmo
discutereste
discuterebbero

Present subjunctive
che io discuta
che tu discuta
che lui/lei discuta
che noi discutiamo
che voi discutiate
che loro discutano

Imperfect subjunctive
che io discutessi
che tu discutessi
che lui/lei discutesse
che noi discutessimo
che voi discuteste
che loro discutessero

TO DO, to make, to build *fare* [fa[c]-ere], *irreg.*, *tr.*
Gerund *facendo* **Past participle** *fatto*
Imperative tu, fa'! (non fare!); che lui/lei (non) faccia!; noi, (non) facciamo!; voi, (non) fate!; che loro (non) facciano!

Present indicative
faccio
fai
fa
facciamo
fate
fanno

Future
farò
farai
farà
faremo
farete
faranno

Imperfect indicative
facevo
facevi
faceva
facevamo
facevate
facevano

Present conditional
farei
faresti
farebbe
faremmo
fareste
farebbero

Present perfect
ho fatto
hai fatto
ha fatto
abbiamo fatto
avete fatto
hanno fatto

Present subjunctive
che io faccia
che tu faccia
che lui/lei faccia
che noi facciamo
che voi facciate
che loro facciano

Past perfect
avevo fatto
avevi fatto
aveva fatto
avevamo fatto
avevate fatto
avevano fatto

Imperfect subjunctive
che io facessi
che tu facessi
che lui/lei facessi
che noi facessimo
che voi faceste
che loro facessero

TO DREAM *sognare* [sogn-are], *tr.* and *intr.*
Gerund *sognando* **Past participle** *sognato*
Imperative tu, sogna! (non sognare!); che lui/lei (non) sogni!; noi, (non) sognamo!; voi, sognate!; che loro (non) sognino!

Present indicative
sogno
sogni
sogna
sogniamo
sognate
sognano

Imperfect indicative
sognavo
sognavi
sognava
sognavamo
sognavate
sognavano

Present perfect
ho sognato
hai sognato
ha sognato
abbiamo sognato
avete sognato
hanno sognato

Past perfect
avevo sognato
avevi sognato
aveva sognato
avevamo sognato
avevate sognato
avevano sognato

Future
sognerò
sognerai
sognerà
sogneremo
sognerete
sogneranno

Present conditional
sognerei
sogneresti
sognerebbe
sogneremmo
sognereste
sognerebbero

Present subjunctive
che io sogni
che tu sogni
che lui/lei sogni
che noi sogniamo
che voi sogniate
che loro sognino

Imperfect subjunctive
che io sognassi
che tu sognassi
che lui/lei sognasse
che noi sognassimo
che voi sognaste
che loro sognassero

TO DRINK *bere* [be<ve>-re], *irreg.*, *tr.*
Gerund *bevendo* **Past participle** *bevuto*
Imperative tu, bevi! (non bere!); che lui/lei (non) beva!; noi, (non) beviamo!; voi, (non) bevete!; che loro (non) bevano!

Present indicative
bevo
bevi
beve
beviamo
bevete
bevono

Imperfect indicative
bevevo
bevevi
beveva
bevevamo
bevevate
bevevano

Present perfect
ho bevuto
hai bevuto
ha bevuto
abbiamo bevuto
avete bevuto
hanno bevuto

Past perfect
avevo bevuto
avevi bevuto
aveva bevuto
avevamo bevuto
avevate bevuto
avevano bevuto

Future
berrò
berrai
berrà
berremo
berrete
berranno

Present conditional
berrei
berresti
berrebbe
berremmo
berreste
berrebbero

Present subjunctive
che io beva
che tu beva
che lui/lei beva
che noi beviamo
che voi beviate
che loro bevano

Imperfect subjunctive
che io bevessi
che tu bevessi
che lui/lei bevesse
che noi bevessimo
che voi beveste
che loro bevessero

TO DRIVE, to guide *guidare* [guid-are], *tr.*
Gerund *guidando* **Past participle** *guidato*
Imperative tu, guida! (non guidare!); che lui/lei (non) guidi!; noi, (non) guidiamo!; voi, (non) guidate!; che loro (non) guidino!

Present indicative
guido
guidi
guida
guidiamo
guidate
guidano

Imperfect indicative
guidavo
guidavi
guidava
guidavamo
guidavate
guidavano

Present perfect
ho guidato
hai guidato
ha guidato
abbiatno guidato
avete guidato
hanno guidato

Past perfect
avevo guidato
avevi guidato
aveva guidato
avevamo guidato
avevate guidato
avevano guidato

Future
guiderò
guiderai
guiderà
guideremo
guiderete
guideranno

Present conditional
guiderei
guideresti
guiderebbe
guideremmo
guidereste
guiderebbero

Present subjunctive
che io guidi
che tu guidi
che lui/lei guidi
che noi guidiamo
che voi guidiate
che loro guidino

Imperfect subjunctive
che io guidassi
che tu guidassi
che lui/lei guidasse
che noi guidassimo
che voi guidaste
che loro guidassero

TO DRY *asciugare* [asciug-are], *tr.*
Gerund *asciugando* **Past participle** *asciugato*
Imperative tu, asciuga! (non asciugare!); che lui/lei (non) asciughi!; noi, (non) asciughiamo!; voi,(non) asciugate! che loro (non) asciughino!

Present indicative
asciugo
asciughi
asciuga
asciughiamo
asciugate
asciugano

Imperfect indicative
asciugavo
asciugavi
asciugava
asciugavamo
asciugavate
asciugavano

Present perfect
ho asciugato
hai asciugato
ha asciugato
abbiamo asciugato
avete asciugato
hanno asciugato

Past perfect
avevo asciugato
avevi asciugato
aveva sciugato
avevamo asciugato
avevate asciugato
avevano asciugato

Future
asciugherò
asciugherai
asciugherà
asciugheremo
asciugherete
asciugheranno

Present conditional
asciugherei
asciugheresti
asciugherebbe
asciugheremmo
asciughereste
asciugherebbero

Present subjunctive
che io asciughi
che tu asciughi
che lui/lei asciughi
che noi asciughiamo
che voi asciughiate
che loro asciughino

Imperfect subjunctive
che io asciugassi
che tu asciugassi
che lui/lei asciugasse
che noi asciugassimo
che voi asciugaste
che loro asciugassero

TO EARN, to gain *guadagnare* [guadagn-are], *tr.*
Gerund *guadagnando* **Past participle** *guadagnato*
Imperative tu, guadagna! (non guadagnare!); che lui/lei (non) guadagni! noi, (non) guadagnamo!; voi, (non) guadagnate!; che loro (non) guadagnino!

Present indicative
guadagno
guadagni
guadagna
guadagniamo
guadagnate
guadagnano

Imperfect indicative
guadagnavo
guadagnavi
guadagnava
guadagnavamo
guadagnavate
guadagnavano

Present perfect
ho guadagnato
hai guadagnato
ha guadagnato
abbiamo guadagnato
avete guadagnato
hanno guadagnato

Past perfect
avevo guadagnato
avevi guadagnato
aveva guadagnato
avevamo guadagnato
avevate guadagnato
avevano guadagnato

Future
guadagnerò
guadagnerai
guadagnerà
guadagneremo
guadagnerete
guadagneranno

Present conditional
guadagnerei
guadagneresti
guadagnerebbe
guadagneremmo
guadagnereste
guadagnerebbero

Present subjunctive
che io guadagni
che tu guadagni
che lui/lei guadagni
che noi guadagniamo
che voi guadagniate
che loro guadagnino

Imperfect subjunctive
che io guadagnassi
che tu guadagnassi
che lui/lei guadagnasse
che noi guadagnassimo
che voi guadagnaste
che loro guadagnassero

TO EAT *mangiare* [mangi-are], *tr.*

Gerund *mangiando* **Past participle** *mangiato*

Imperative tu, mangia! (non mangiare!); che lui/lei (non) mangi!; noi, (non) mangiamo!; voi, (non) mangiate!; che loro (non) mangino!

Present indicative
mangio
mangi
mangia
mangiamo
mangiate
mangiano

Future
mangerò
mangerai
mangerà
mangeremo
mangerete
mangeranno

Imperfect indicative
mangiavo
mangiavi
mangiava
mangiavaino
mangiavate
mangiavano

Present conditional
mangerei
mangeresti
mangerebbe
mangerernmo
mangereste
mangerebbero

Present perfect
ho mangiato
hai mangiato
ha mangiato
abbiamo mangiato
avete mangiato
hanno mangiato

Present subjunctive
che io mangi
che tu mangi
che lui/lei mangi
che noi mangiamo
che voi mangiate
che loror mangino

Past perfect
avevo mangiato
avevi mangiato
aveva mangiato
avevamo mangiato
avevate mangiato
avevano mangiato

Imperfect subjunctive
che io mangiassi
che tu mangiassi
che lui/lei mangiasse
che noi mangiassimo
che voi mangiaste
che loro mangiassero

TO EMPLOY, to engage, to use, *impiegare* [impieg-are], *t*
Gerund *impiegando* **Past participle** *impiegato*
Imperative tu, impiega! (non impiegare!); che lui/l
(non) impieghi!; noi, (non) impieghiamo!; voi, (no
impiegate!; che loro (non) impieghino!

Present indicative
impiego
impieghi
impiega
impieghiamo
impiegate
impiegano

Imperfect indicative
impiegavo
impiegavi
impiegava
impiegavamo
impiegavate
impiegavano

Present perfect
ho impiegato
hai impiegato
ha impiegato
abbiamo impiegato
avete impiegato
hanno impiegato

Past perfect
avevo impiegato
avevi impiegato
aveva impiegato
avevamo impiegato
avevate impiegato
avevano impiegato

Future
impiegherò
impiegherai
impiegherà
impiegheremo
impiegherete
impiegheranno

Present conditional
impiegherei
impiegheresti
impiegherebbe
impiegheremmo
impieghereste
impiegherebbero

Present subjunctive
che io impieghi
che tu impieghi
che lui/lei impieghi
che noi impieghiamo
che voi impieghiate
che loro impieghino

Imperfect subjunctive
che io impiegassi
che tu impiegassi
che lui/lei impiegasse
che noi impiegassimo
che voi impiegaste
che loro impiegassero

TO ENCOURAGE *incoraggiare* [incoragg-are]; *tr*.

Gerund *incoraggiando* **Past participle** *incoraggiato*

Imperative tu, incoraggia! (non incoraggiare!); che lui/lei (non) incoraggi!; noi, (non) incoraggiamo!; voi, (non) incoraggiate!; che loro (non) incoraggino!

Present indicative
incoraggio
incoraggi
incoraggia
incoraggiamo
incoraggiate
incoraggiano

Imperfect indicative
incoraggiavo
incoraggiavi
incoraggiare
incoraggiavamo
incoraggiavate
incoraggiavano

Present perfect
ho incoraggiato
hai incoraggiato
ha incoraggiato
abbiamo incoraggiato
avete incoraggiato
hanno incoraggiato

Past perfect
avevo incoraggiato
avevi incoraggiato
aveva incoraggiato
avevamo incoraggiato
avevate incoraggiato
avevano incoraggiato

Future
incoraggeró
incoraggerai
incoraggererà
incoraggeremo
incoraggerete
incoraggeranno

Present conditional
incoraggerei
incoraggeresti
incoraggerebbe
incoraggeremmo
incoraggereste
incoraggerebbero

Present subjunctive
che io incoraggi
che tu incoraggi
che lui/lei incoraggi
che noiincoraggiamo
che voi incoraggiate
che loro incoraggino

Imperfect subjunctive
che io incoraggiassi
che tu incoraggiassi
che lui/lei incoraggiasse
che noi incoraggiassimo
che voi incoraggiassero
che loro incoraggiassero

TO ENDURE, to bear, to suffer, *soffrire* [soffr-ire], *intr.* and *tr*

Gerund *soffrendo* **Past participle** *sofferto*

Imperative tu, soffri! (non soffrire!); che lui/lei (non) soffra!; noi, (non) soffriamo!; voi, (non) soffrite! che loro (non) soffrano!

Present indicative
soffro
soffri
soffre
soffriamo
soffrite
soffrono

Imperfect indicative
soffrivo
soffrivi
soffriva
soffrivamo
soffrivate
soffrivano

Present perfect
ho sofferto
hai sofferto
ha sofferto
abbiamo sofferto
avete sofferto
hanno sofferto

Past perfect
avevo sofferto
avevi sofferto
aveva sofferto
avevamo sofferto
avevate sofferto
avevano sofferto

Future
soffrirò
soffrirai
soffrirà
soffriremo
soffrirete
soffriranno

Present conditional
soffrirei
soffriresti
soffrirebbe
soffriremmo
soffrireste
soffrirebbero

Present subjunctive
che io soffra
che tu soffra
che lui soffra
che noi soffriamo
che voi soffriate
che loro soffrano

Imperfect subjunctive
che io soffrissi
che tu soffrissi
che lui/lei soffrisse
che noi soffrissimo
che voi soffriste
che loro soffrissero

TO ENDURE, *sopportare* [sopport-are], *tr.*
Gerund *sopportando* **Past participle** *sopportato*
Imperative tu, sopporta! (non sopportare!); che lui/lei (non) sopporti!; noi, (non) sopportiamo!; voi (non) sopportate!; che loro (non) sopportino!

Present indicative
sopporto
sopporti
sopporta
sopportiamo
sopportate
sopportano

Imperfect indicative
sopportavo
sopportavi
sopportava
sopportavamo
sopportavate
sopportavano

Present perfect
ho sopportato
hai sopportato
ha sopportato
abbiamo sopportato
avete sopportato
hanno sopportato

Past perfect
avevo sopportato
avevi sopportato
aveva sopportato
avevamo sopportato
avevate sopportato
avevano sopportato

Future
sopporterò
sopporterai
sopporterà
sopporteremo
sopporterete
sopporteranno

Present conditional
sopporterei
sopporteresti
sopporterebbe
sopporteremmo
sopportereste
sopporterebbero

Present subjunctive
che io sopporti
che tu sopporti
che lui/lei sopporti
che noi sopportiamo
che voi sopportiate
che loro sopportino

Imperfect subjunctive
che io sopportassi
che tu sopportassi
che lui/lei sopportasse
che noi sopportassimo
che voi sopportaste
che loro sopportassero

TO ENJOY ONESELF, *divertirsi* [divert-ire se stesso] *refl*
Gerund *divertendosi* **Past participle** *divertito (-si)*
Imperative tu, divertiti! (non divertirti!); che lui/lei (non) si diverta!; noi, (non) divertiamoci!; voi, (non) divertitevi!; che loro (non) si divertano!

Present indicative
mi diverto
ti diverti
si diverte
ci divertiamo
vi divertite
si divertono

Imperfect indicative
mi divertivo
ti divertivi
si divertiva
ci divertivamo
vi divertivate
si divertivano

Present perfect
mi sono divertito
ti sei divertito
si è divertito
ci siamo divertiti
vi siete divertiti
si sono divertiti

Past perfect
mi ero divertito
ti eri divertito
si era divertito
ci eravamo divertiti
vi eravate divertiti
si erano divertiti

Future
mi divertirò
ti divertirai
si divertirà
ci divertiremo
vi divertirete
si divertiranno

Present conditional
mi divertirei
ti divertiresti
si divertirebbe
ci divertiremmo
vi divertireste
si divertirebbero

Present subjunctive
che io mi diverta
che tu ti diverta
che lui/lei si diverta
che noi ci divertiamo
che voi vi divertiate
che loro si divertano

Imperfect subjunctive
che io mi divertissi
che tu ti divertissi
che lui/lei si divertisse
che noi ci divertissimo
che voi vi divertiste
che loro si divertissero

TO ENTER *entrare* [entr-are], *intr.* and *tr.*
Gerund *entrando* **Past participle** *entrato*
Imperative tu, entra! (non entrare!); che lui/lei (non) entri!; noi, (non) entriamo!; voi,(non) entrate!; che loro (non) entrino!

Present indicative
entro
entri
entra
entriamo
entrate
entrano

Imperfect indicative
entravo
entravi
entrava
entravamo
entravate
entravano

Present perfect
sono entrato
sei entrato
è entrato
siamo entrati
siete entrati
sono entrati

Past perfect
ero entrato
eri entrato
era entrato
eravamo entrati
eravate entrati
erano entrati

Future
entrerò
entrerai
entrerà
entreremo
entrerete
entreranno

Present conditional
entrerei
entreresti
entrerebbe
entreremmo
entrereste
entrerebbero

Present subjunctive
che io entri
che tu entri
che lui/lei entri
che noi entriamo
che voi entriate
che loro entrino

Imperfect subjunctive
che io entrassi
che tu entrassi
che lui/lei
che noi entrassimo
che voi entraste
che loro entrassero

TO ENTERTAIN *intrattenere* [intratten-ere], *tr*.
Gerund *intrattenendo* **Past participle** *intrattenuto*
Imperative tu, intrattieni! (non intrattenere!); che lui/lei (non) intrattenga!; noi, (non) intratteniamo!; voi, (non) intrattenete!; che loro (non) intrattengano!

Present indicative
intrattengo
intrattieni
intrattiene
intratteniamo
intrattenete
intrattengono

Imperfect indicative
intrattenevo
intrattenevi
intratteneva
intrattenevamo
intrattenevate
intrattenevano

Present perfect
ho intrattenuto
hai intrattenuto
ha intrattenuto
abbiamo intrattenuto
avete intrattenuto
hanno intrattenuto

Past perfect
avevo intrattenuto
avevi intrattenuto
aveva intrattenuto
avevamo intrattenuto
avevate trattenuto
avevano intrattenuto

Future
intratterrò
intratterrai
intratterrà
intratterremo
intratterrete
intratterranno

Present conditional
intratterrei
intratterresti
intratterrebbe
intratterremmo
intratterreste
intratterrebbero

Present subjunctive
che io intrattenga
che tu intrattenga
che lui/lei intrattenga
che noi intratteniamo
che voi intratteniate
che loro intrattengano

Imperfect subjunctive
che io intrattenessi
che tu intrattenessi
che lui/lei intrattenesse
che noi intrattenessimo
che voi intratteneste
che loro intrattenessero

O EXHAUST, to wear out, to use up *esaurire* [esaur-ire], *tr.*
erund *esaurendo* **Past participle** *esaurito*
mperative tu, esaurisci! (non esaurire!); che lui/lei non) esaurisca!; noi, (non) esauriamo! voi, (non) saurite! che loro (non) esauriscano!

---

resent indicative
saurisco
saurisci
saurisce
sauriarno
saurite
sauriscono

mperfect indicative
saurivo
saurivi
sauriva
saurivamo
saurivate
saurivano

resent perfect
o esaurito
ai esaurito
a esaurito
bbiamo esaurito
vete esaurito
anno esaurito

ast perfect
vevo esaurito
vevi esaurito
veva esaurito
vevamo esaurito
vevate esaurito
vevano esaurito

Future
esauiirò
esaurirai
esaurirà
esauriremo
esaurirete
esauriranno

Present conditional
esaurirei
esauriresti
esaurirebbe
esaurirmrno
esaurireste
esaurirebbero

Present subjunctive
che io esaurisca
che tu esaurisca
che lui/lei esaurisca
che noi esauriamo
che voi esauriate
che loro esauriscano

Imperfect subjunctive
che io esaurissi
che tu esaurissi
che lui/lei esaurisse
che noi esaurissimo
che voi esauriste
che loro esaurissero

TO EXPLAIN *spiegare* [spieg-are], *tr*.
Gerund *spiegando* **Past participle** *spiegato*
Imperative tu, spiega! (non spiegare!); che lui/lei (non) spieghi!; noi, (non) spieghiamo!; voi, (non) spiegate! che loro (non) spieghino!

Present indicative
spiego
spieghi
spiega
spieghiarno
spiegate
spiegano

Imperfect indicative
spiegavo
spiegavi
spiegava
spiegavamo
spiegavate
spiegavano

Present perfect
ho spiegato
hai spiegato
ha spiegato
abbiamo spiegato
avete spiegato
hanno spiegato

Past perfect
avevo spiegato
avevi spiegato
aveva spiegato
avevamo spiegato
avevate spiegato
avevano spiegato

Future
spiegherò
spiegherai
spiegherà
spiegheremo
spiegherete
spiegheranno

Present conditional
spiegherei
spiegheresti
spiegherebbe
spiegheremmo
spieghereste
spiegherebbero

Present subjunctive
che io spieghi
che tu spieghi
che lui/lei spieghi
che noi spieghiarno
che voi spieghiate
che loro spieghino

Imperfect subjunctive
che io spiegassi
che tu spiegassi
che lui/lei spiegasse
che noi spiegassimo
che voi spiegaste
che loro spiegassero

TO EXPLOIT *sfruttare* [sfrutt-are], *tr.*

Gerund *sfruttnado* **Past participle** *sfruttato*

Imperative tu, sfrutta! (non sfruttare!); che lui/lei (non) sfrutti!; noi, (non) sfruttiamo!; voi, (non) sfruttate!; che loro (non) sfruttino!

Present indicative
sfrutto
sfrutti
sfrutta
sfruttiamo
sfruttate
ssruttano

Future
sfrutterò
sfrutterai
sfrutterà
sfrutteremo
sfrutterete
sfrutteranno

Imperfect indicative
sfruttavo
sfruttavi
sfruttava
sfruttavamo
sfruttavate
sfruttavano

Present conditional
sfrutterei
sfrutteresti
sfrutterebbe
sfrutteremmo
sfruttereste
ssfrutterebbero

Present perfect
ho sfruttato
hai sfruttato
ha sfruttato
abbiamo sfruttato
avete sfruttato
hanno sfruttato

Present subjunctive
che io sfrutti
che tu sfrutti
che lui/lei sfrutti
che noi sfruttiamo
che voi sfruttiate
che loro sfruttino

Past perfect
avevo sfruttato
avevi sfruttato
aveva sfruttato
avevamo sfruttato
avevate sfruttato
avevano sfruttato

Imperfect subjunctive
che io sfruttassi
che tu sfruttassi
che lui/lei sfruttasse
che noi sfruttassimo
che voi sfruttaste
che loro sfruttassero

TO EXPRESS *esprimere* [esprim-ere], *tr*.
Gerund *esprimendo* **Past participle** *espresso*
Imperative tu, esprimi! (non esprimere!); che lui/lei (non) esprima!; noi, (non) esprimiamo!; voi, (non) esprimete!; che loro (non) esprimano!

Present indicative
esprimo
esprimi
esprime
esprimiamo
esprimete
esprimono

Imperfect indicative
esprimevo
esprimevi
esprimeva
esprimevamo
esprimevate
esprimevano

Present perfect
ho espresso
hai espresso
ha espresso
abbiamo espresso
avete espresso
hanno espresso

Past perfect
avevo espresso
avevi espresso
aveva espresso
avevamo espresso
avevate espresso
avevano espresso

Future
esprimerò
esprimerai
esprimerà
esprimeremo
esprimerete
esprimeranno

Present conditional
esprimerei
esprimeresti
esprimerebbe
esprimeremmo
esprimereste
esprimerebbero

Present subjunctive
che io esprima
che tu esprima
che lui/lei esprima
che noi esprimamo
che voi esprimiate
che loro esprimano

Imperfect subjunctive
che io esprimessi
che tu esprimessi
che lui/lei esprimesse
che noi esprimessimo
che voi esprimeste
che loro esprimessero

TO EXTEND *estendere* [estend-ere], *tr.*
Gerund *estendendo* **Past participle** *esteso*
Imperative tu, estendi!; che lui/lei (non) estenda!; noi, (non) estendiamo!; voi, (non) estendete!; che loro (non) estendano!

Present indicative
estendo
estendi
estende
estendiamo
estendete
estendono

Future
estenderò
estenderai
estenderà
estenderemo
estenderete
estenderanno

Imperfect indicative
estendevo
estendevi
estendeva
estendevamo
estendevate
estendevano

Present conditional
estenderei
estenderesti
estenderebbe
estenderemmo
estendereste
estenderebbero

Present perfect
ho esteso
hai esteso
ha esteso
abbiamo esteso
avete esteso
hanno esteso

Present subjunctive
che io estenda
che tu estenda
che lui/lei estenda
che noi estendiamo
che voi estendiate
che loro estendano

Past perfect
avevo esteso
avevi esteso
aveva esteso
avevamo esteso
avevate esteso
avevano esteso

Imperfect subjunctive
che io estendessi
che tu estendessi
che lui/lei estendesse
che noi estendessimo
che vi estendeste
che loro estendessero

TO EXTINGUISH, to turn off *spegnere* [spegn-ere], *tr.*
Gerund *spegnendo* **Past participle** *spento*
Imperative tu, spegni! (non spegnere!); che lui/lei (non) spenga!; noi, (non) spegnamo!; voi, (non) spegnete!; che loro (non) spengano!

Present indicative
spengo
spegni
spegne
spegniamo
spegnete
spengono

Imperfect indicative
spegnevo
spegnevi
spegneva
spegnevamo
spegnevate
spegnevano

Present perfect
ho spento
hai spento
ha spento
abbiamo spento
avete spento
hanno spento

Past perfect
avevo spento
avevi spento
aveva spento
avevamo spento
avevate spento
avevano spento

Future
spegnerò
spegnerai
spegnerà
spegnererno
spegnerete
spegneranno

Present conditional
spegnerei
spegneresti
spegnerebbe
spegnerenimo
spegnereste
spegnerebbero

Present subjunctive
che io spenga
che tu spenga
che lui/lei spenga
che noi spegniarno
che voi spegniate
che loro spengano

Imperfect subjunctive
che io spegnessi
che tu spegnessi
che lui/lei spegnesse
che noi spegnessimo
che voi spegneste
che loro spegnessero

TO FALL *cadere* [cad-ere], *intr.*

Gerund *cadendo* **Past participle** *caduto*

Imperative tu, cadi! (non cadere!); che lui/lei (non) cada!; noi, cadiamo!; voi, (non) cadete!; che loro (non) cadano!

Present indicative
cado
cadi
cade
cadiamo
cadete
cadono

Imperfect indicative
cadevo
cadevi
cadeva
cadevamo
cadevate
cadevano

Present perfect
sono caduto
sei caduto
è caduto
siamo caduti
siete caduti
sono caduti

Past perfect
ero caduto
eri caduto
era caduto
eravamo caduti
eravate caduti
erano caduti

Future
cadrò
cadrai
cadrà
cadremo
cadrete
cadranno

Present conditional
cadrei
cadresti
cadrebbe
cadremmo
cadreste
cadrebbero

Present subjunctive
che io cada
che tu cada
che lui/lei cada
che noi cadiamo
che voi cadiate
che loro cadano

Imperfect subjunctive
che io cadessi
che tu cadessi
che lui/lei cadesse
che noi cadessimo
che voi cadeste
che loro cadessero

TO FALL ILL *ammalarsi* [ammal-are se stesso], *refl.*
Gerund *ammalandosi* **Past participle** *ammalato(-si)*
Imperative tu, ammalati! (non ammalarti!); che lui/lei (non) si ammali!; noi, (non) ammaliamoci!; voi, (non) ammalatevi!; che loro (non) si ammalino!

Present indicative
mi ammalo
ti ammali
si ammala
ci ammaliamo
vi ammalate
si ammalano

Imperfect indicative
mi ammalavo
ti ammalavi
si ammalava
ci ammalavamo
vi ammalavate
si ammalavano

Present perfect
mi sono ammalato
ti sei ammalato
si è ammalato
ci siamo ammalati
vi siete ammalati
si sono ammalati

Past perfect
mi ero ammalato
ti eri ammalato
si era ammalato
ci eravamo ammalati
vi eravate ammalati
si erano ammalati

Future
mi ammalerò
ti ammalerai
si ammalerà
ci ammaleremo
vi ammalerete
si ammaleranno

Present conditional
mi ammalerei
ti ammaleresti
si ammalerebbe
ci ammaleremmo
vi ammalereste
si ammalerebbero

Present subjunctive
che io mi ammali
che tu ti ammali
che lui/lei si ammali
che noi ci ammaliamo
che voi vi ammaliate
che loro si ammalino

Imperfect subjunctive
che io mi ammalassi
che tu ti ammalassi
che lui/lei si ammalasse
che noi ci ammalassimo
che voi vi ammalste
che loro si ammalassero

TO FIND *trovare* [trov-are], *tr*.
Gerund *trovando* **Past participle** *trovato*
Imperative tu, trova! (non trovare!); che lui/lei (non) trovi!; noi, (non) troviamo!; voi, (non) trovate!; che loro (non) trovino!

Present indicative
trovo
trovi
trova
troviamo
trovate
trovano

Imperfect indicative
trovavo
trovavi
trovava
trovavamo
trovavate
trovavano

Present perfect
ho trovato
hai trovato
ha trovato
abbiamo trovato
avete trovato
hanno trovato

Past perfect
avevo trovato
avevi trovato
aveva trovato
avevamo trovato
avevate trovato
avevano trovato

Future
troverò
troverai
troverà
troveremo
troverete
troveranno

Present conditional
troverei
troveresti
troverebbe
troveremmo
trovereste
troverebbero

Present subjunctive
che io trovi
che tu trovi
che lui/lei trovi
che noi troviamo
che voi troviate
che loro trovino

Imperfect subjunctive
che io trovassi
che tu trovassi
che lui/lei trovasse
che noi trovassimo
che voi trovaste
che loro trovassero

TO FINISH *finire* [fin-ire]; *tr*.
Gerund *finendo* **Past participle** *finito*
Imperative tu, finisci! (non finire!); che lui/lei (non) finisca!; noi, (non) finiamo!; voi, (non) finite!; che loro (non) finiscano!

Present indicative
finisco
finisci
finisce
finiamo
finite
finiscono

Imperfect indicative
finivo
finivi
finiva
finivamo
finivate
finivano

Present perfect
ho finito
hai finito
ha finito
abbiamo finito
avete finito
hanno finito

Past perfect
avevo finito
avevi finito
aveva finito
avevamo finito
avevate finito
avevano finito

Future
finirò
finirai
finirà
finiremo
finirete
finiranno

Present conditional
finirei
finiresti
finirebbe
finiremmo
finireste
finirebbero

Present subjunctive
che io finisca
che tu finisca
che lui/lei finisca
che noi finiamo
che voi finiate
che loro finiscano

Imperfect subjunctive
che io finissi
che tu finissi
che lui/lei finisse
che noi finissimo
che voi finiste
che loro finissero

TO FLEE *fuggire* [fugg-ire], *tr*.
Gerund *fuggendo* **Past participle** *fuggito*
Imperative tu, fuggi! (non fuggire!); che lui/lei (non) fugga!; noi, (non) fuggiamo!; voi, (non) fuggite!; che loro (non) fuggano!

Present indicative
fuggo
fuggi
fugge
fuggiamo
fuggite
fuggono

Imperfect indicative
fuggivo
fuggivi
fuggiva
fuggivamo
fuggivate
fuggivano

Present perfect
sono fuggito
sei fuggito
è fuggito
siamo fuggiti
siete fuggiti
sono fuggiti

Past perfect
ero fuggito
eri fuggito
era fuggito
eravamo fuggiti
eravate fuggiti
erano fuggiti

Future
fuggirò
fuggirai
fuggirà
fuggiremo
fuggirete
fuggiranno

Present conditional
fuggirei
fuggiresti
fuggirebbe
fuggiremmo
fuggireste
fuggirebbero

Present subjunctive
che io fugga
che tu fugga
che lui/lei fugga
che noi fuggiamo
che voi fuggiate
che loro fuggano

Imperfect subjunctive
che io fuggissi
che tu fuggissi
che lui/lei fuggisse
che noi fuggissimo
che voi fuggiste
che loro fuggissero

TO FLY *volare* [vol-are], *intr.*
Gerund *volando* **Past participle** *volato*
Imperative tu, vola! (non volare!); che lui/lei (non) voli!; noi, voliamo!; voi, (non) valate!; che loro (non) volino!

Present indicative
volo
voli
vola
voliamo
volate
volano

Imperfect indicative
volavo
volavi
volava
volavamo
volavate
volavano

Present perfect
sono volato
sei volato
è volato
siamo volati
siete volati
sono volati

Past perfect
ero volato
eri volato
era volato
eravamo volati
eravate volati
erano volati

Future
volerò
volerai
volerà
voleremo
volerete
voleranno

Present conditional
volerei
voleresti
volerebbe
voleremmo
volereste
volerebbero

Present subjunctive
che io voli
che tu voli
che lui/lei voli
che noi voliarno
che voi voliate
che loro volino

Imperfect subjunctive
che io volassi
che tu volassi
che lui/lei volasse
che noi volassimo
che voi volaste
che loro volassero

TO FOLD, to bend *piegare* [pieg-are], *tr.*
Gerund *piegando* **Past participle** *piegato*
Imperative tu, piega! (non piegare!); che lui/lei (non) pieghi!; noi, (non) pieghiamo!; voi, (non) piegate! che loro (non) pieghino!

Present indicative
piego
pieghi
piega
pieghiamo
piegate
iegano

Imperfect indicative
piegavo
piegavi
piegava
piegavamo
piegavate
piegavano

Present perfect
ho piegato
hai piegato
ha piegato
abbiamo piegato
avete piegato
hanno piegato

Past perfect
avevo piegato
avevi piegato
aveva piegato
avevamo piegato
avevate piegato
avevano piegato

Future
piegherò
piegherai
piegherà
piegheremo
piegherete
piegheranno

Present conditional
piegherei
piegheresti
piegherebbe
piegheremmo
pieghereste
piegherebbero

Present subjunctive
che io pieghi
che tu pieghi
che lui/lei pieghi
che noi pieghiamo
che voi pieghiate
che loro pieghino

Imperfect subjunctive
che io piegassi
che tu piegassi
che lui/lei piegasse
che noi piegassimo
che voi piegaste
che loro piegassero

TO FOLLOW *seguire* [segu-ire], *tr.*
Gerund *seguendo* **Past participle** *seguito*
Imperative tu, segui! (non seguire!); che lui/lei (non) segua!; noi, (non) seguiamo!; voi, (non) seguite!; che loro (non) seguano!

Present indicative
seguo
segui
segue
seguiamo
seguite
seguono

Future
seguirò
seguirai
seguirà
seguiremo
seguirete
seguiranno

Imperfect indicative
seguivo
seguivi
seguiva
seguivamo
seguivate
seguivano

Present conditional
seguirei
seguiresti
seguirebbe
seguiremmo
seguireste
seguirebbero

Present perfect
ho seguito
hai seguito
ha seguito
abbiamo seguito
avete seguito
hanno seguito

Present subjunctive
che io segua
che tu segua
che lui/lei segua
che noi seguiamo
che voi seguiate
che loro seguano

Past perfect
avevo seguito
avevi seguito
aveva seguito
avevamo seguito
avevate seguito
avevano seguito

Imperfect subjunctive
che io seguissi
che tu seguissi
che lui/lei seguisse
che noi seguissimo
che voi seguiste
che loro seguissero

TO FORBID, *vietare* [viet-are], *tr.*
Gerund *vietando* **Past participle** *vietato*
Imperative tu, vieta! (non vietare!); che lui/lei (non) vieti!; noi (non) vietiamo!; voi, (non) vietate!; che loro (non) vietino!

Present indicative
vieto
vieti
vieta
vietiamo
vietate
vietano

Imperfect indicative
vietavo
vietavi
vietava
vietavamo
vietavate
vietavano

Present perfect
ho vietato
hai vietato
ha vietato
abbiamo vietato
avete vietato
hanno vietato

Past perfect
avevo vietato
avevi vietato
aveva vietato
avevamo vietato
avevate vietato
avevano vietato

Future
vieterò
vieterai
vieterà
vieteremo
vieterete
vieteranno

Present conditional
vieterei
vieteresti
vieterebbe
vieteremmo
vietereste
vieterebbero

Present subjunctive
che io vieti
che tu vieti
che lui/lei vieti
che noi vietiamo
che voi vietiate
che loro vietino

Imperfect subjunctive
che io vietassi
che tu vietassi
che lui/lei vietasse
che noi vietassimo
che voi vietaste
che loro vietassero

TO FORGET *dimenticare* [dimentic-are], *tr*.
Gerund *dimenticando* **Past participle** *dimenticato*
Imperative tu, dimentica! (non dimenticare!); noi (non) dimentichiamo!; voi, (non) dimenticate!; che loro (non) dimentichino!

Present indicative
dimentico
dimentichi
dimentica
dimentichiamo
dimenticate
dimenticano

Future
dimenticherò
dimenticherai
dimenticherà
dimenticheremo
dimenticherete
dimenticheranno

Imperfect indicative
dimenticavo
dimenticavi
dimenticava
dimenticavamo
dimenticavate
dimenticavano

Present conditional
dimenticherei
dimenticheresti
dimenticherebbe
dimenticheremmo
dimentichereste
dimenticherebbero

Present perfect
ho dimenticato
hai dimenticato
ha dimenticato
abbiamo dimenticato
avete dimenticato
hanno dimenticato

Present subjunctive
che io dimentichi
che tu dimentichi
che lu/lei dimentichi
che noi dimentichiamo
che voi dimentichiate
che loro dimentichino

Past perfect
avevo dimenticato
avevi dimenticato
aveva dimenticato
avevamo dimenticato
avevate dimenticato
avevano dimenticato

Imperfect subjunctive
che io dimenticassi
che tu dimenticassi
che lui/lei dimenticasse
che noi dimenticassimo
che voi dimenticaste
che loro dimenticassero

O FREE, to release *liberare* [liber-are], *tr.*
erund *liberando* **Past participle** *liberato*
mperative tu, libera! (non liberare!); che lui/lei
non) liberi!; noi, (non) liberiamo! voi, (non)
iberate!; che loro (non) liberino!

---

resent indicative
ibero
iberi
ibera
iberiamo
iberate
iberano

Future
libererò
libererai
libererà
libereremo
libererete
libereranno

mperfect indicative
iberavo
iberavi
iberava
iberavamo
iberavate
iberavano

Present conditional
libererei
libereresti
libererebbe
libereremmo
liberereste
libererebbero

resent perfect
o liberato
ai liberato
a liberato
bbiamo liberato
vete liberato
anno liberato

Present subjunctive
che io liberi
che tu liberi
che lui/lei liberi
che noi liberiamo
che voi liberiate
che loro liberino

ast perfect
vevo liberato
vevi liberato
veva liberato
vevamo liberato
vevate liberato
vevano liberato

Imperfect subjunctive
che io liberassi
che tu liberassi
che lui/lei liberasse
che noi liberassimo
che voi liberaste
che loro liberassero

TO GATHER, to pick, to catch *raccogliere* [raccogli-ere], *tr*
Gerund *raccogliendo* **Past participle** *raccolto*
Imperative tu, raccogli! (non raccogliere!); che lui/lei (non) raccolga!; noi, (non) raccogliamo!; voi, (non) raccogliete!; che loro (non) raccolgano!

Present indicative
raccolgo
raccogli
raccoglie
raccogliamo
raccogliete
raccolgono

Imperfect indicative
raccoglievo
raccoglievi
raccoglieva
raccoglievamo
raccoglievate
raccoglievano

Present perfect
ho raccolto
hai raccolto
ha raccolto
abbiamo raccolto
avete raccolto
hanno raccolto

Past perfect
avevo raccolto
avevi raccolto
aveva raccolto
avevamo raccolto
avevate raccolto
avevano raccolto

Future
raccoglierò
raccoglierai
raccoglierà
raccoglieremo
raccoglierete
raccoglieranno

Present conditional
raccoglierei
raccoglieresti
raccoglierebbe
raccoglieremmo
raccogliereste
raccoglierebbero

Present subjunctive
che io raccolga
che tu raccolga
che lui/lei raccolga
che noi raccogliamo
che voi raccogliate
che loro raccolgano

Imperfect subjunctive
che io raccogliessi
che tu raccogliessi
che lui/lei raccogliesse
che noi raccogliessimo
che voi raccoglieste
che loro raccogliessero

O GET ANGRY *arrabbiarsi* [arrabbi-are se stesso], *refl.*
erund *arrabbiandosi* **Past participle** *arrabbiatosi*
mperative tu, arrabbiati! (non arrabbiarti!); che lui/
ei (non) si arrabbi!; noi, (non) arrabbiamoci!; voi,
non) arrabbiatevi!; che loro (non) si arrabbino!

---

resent indicative
ni arrabbio
i arrabbi
i arrabbia
i arrabbiamo
i arrabbiate
i arrabbiano

mperfect indicative
ni arrabbiavo
i arrabbiavi
i arrabbiava
i arrabbiavamo
i arrabbiavate
i arrabbiavano

resent perfect
ni sono arrabbiato
i sei arrabbiato
i è arrabbiato
i siamo arrabbiati
i siete arrabbiati
i sono arrabbiati

ast perfect
ni ero arrabbiato
i eri arrabbiato
i era arrabbiato
i eravamo arrabbiati
i eravate arrabbiati
i erano arrabbiati

Future
mi arrabbierò
ti arrabbierai
si arrabbierà
ci arrabbieremo
vi arrabbierete
si arrabbieranno

Present conditional
mi arrabbierei
ti arrabbieresti
si arrabbierebbe
ci arrabbieremmo
vi arrabbiereste
si arrabbierebbero

Present subjunctive
che io mi arrabbi
che tu ti arrabbi
che lui/leisi arrabbi
che noi ci arrabbiamo
che voi vi arrabbiate
che loro si arrabbino

Imperfect subjunctive
che io mi arrabbiassi
che tu ti arrabbiassi
che lui/lei arrabbiasse
che noi ci arrabbiassimo
che voi vi arrabbiaste
che loro si arrabbiassero

TO GET UP, to rise *alzarsi* [alz-are se stesso], *refl.*
Gerund *alzandosi* **Past participle** *alzatosi*
Imperative tu, alzati! (non alzarti!); che lui/lei (non) si alzi!; noi, (non) alziamoci!; voi, (non) alzatevi! che loro (non) si alzino!

Present indicative
mi alzo
ti alzi
si alza
ci alziamo
vi alzate
si alzano

Imperfect indicative
mi alzavo
ti alzavi
si alzava
ci alzavamo
vi alzavate
si alzavano

Present perfect
mi sono alzato
ti sei alzato
si è alzato
ci siamo alzati
vi siete alzati
si sono alzati

Past perfect
mi ero alzato
ti eri alzato
si era alzato
ci eravamo alzati
vi eravate alzati
si erano alzati

Future
mi alzerò
ti alzerai
si alzerà
ci alzeremo
vi alzerete
si alzeranno

Present conditional
mi alzerei
ti alzeresti
si alzerebbe
ci alzeremmo
vi alzereste
si alzerebbero

Present subjunctive
che io mi alzi
che tu ti alzi
che lui/lei si alzi
che noi ci alziamo
che voi vi alziate
che loro si alzino

Imperfect subjunctive
che io mi alzassi
che tu ti alzassi
chelui/lei si alzasse
che noi ci alzassimo
che voi vi alzaste
che loro si alzassero

O GIVE *dare* [d-are], *irreg.*, *tr.*
erund *dando* **Past participle** *dato*
mperative tu, da'! (non dare!); che lui/lei (non) ia!; noi, (non) diamo!; voi, (non) date!; che loro non) diano!

---

resent indicative
o
ai
a
iamo
ate
anno

Future
darò
darai
darà
daremo
darete
daranno

mperfect indicative
avo
avi
ava
avamo
avate
avano

Present conditional
darei
daresti
darebbe
daremmo
dareste
darebbero

resent perfect
o dato
ai dato
a dato
bbiamo dato
vete dato
anno dato

Present subjunctive
che io dia
che tu dia
che lui/lei dia
che noi diamo
che voi diate
che loro diano

ast perfect
vevo dato
vevi dato
veva dato
vevamo dato
vevate dato
vevano dato

Imperfect subjunctive
che io dessi
che tu dessi
che lui/lei desse
che noi dessimo
che voi deste
che loro dessero

TO GIVE UP *rinunciare* [rinunci-are], *tr*.
Gerund *rinunciando* **Past participle** *rinunciato*
Imperative tu, rinuncia! (non rinunciare!); che lui, lei (non) rinunci!; noi, (non) rinunciamo!; voi, (non) rinunciate!; che loro (non) rinuncino!

Present indicative
rinuncio
rinunci
rinuncia
rinunciamo
rinunciate
rinunciano

Imperfect indicative
rinunciavo
rinunciavi
rinunciava
rinunciavamo
rinunciavate
rinunciavano

Present perfect
ho rinunciato
hai rinunciato
ha rinunciato
abbiamo rinunciato
avete rinunciato
hanno rinunciato

Past perfect
avevo rinunciato
avevi rinunciato
aveva rinunciato
avevamo rinunciato
avevate rinunciato
avevano rinunciato

Future
rinuncerò
rinuncerai
rinuncerà
rinunceremo
rinuncerete
rinunceranno

Present conditional
rinuncerei
rinunceresti
rinuncerebbe
rinunceremmo
rinuncereste
rinuncerebbero

Present subjunctive
che io rinunci
che tu rinunci
che lui/lei rinunci
che noi rinunciamo
che voi rinunciate
che loro rinuncino

Imperfect subjunctive
che io rinunciassi
che tu rinunciassi
che lui/lei rinunciasse
che noi rinunciassimo
che voi rinunciaste
che loro rinunciassero

TO GO *andare* [and-are], *irreg.*, *intr.*
Gerund *andando* **Past participle** *andato*
Imperative tu, va'! (non andare!); che lui/lei (non) vada! noi, (non) andiamo!; voi, (non) andate! che loro (non) vadano!

Present indicative
vado
vai
va
andiamo
andate
vanno

Future
andrò
andrai
andrà
andremo
andrete
andranno

Imperfect indicative
andavo
andavi
andava
andavamo
andavate
andavano

Present conditional
andrei
andresti
andrebbe
andremmo
andreste
andrebbero

Present perfect
sono andato
sei andato
è andato
siamo andati
siete andati
sono andati

Present subjunctive
che io vada
che tuvada
che lui/lei vada
che noi andiamo
che voi andiate
che loro vadano

Past perfect
ero andato
eri andato
era andato
eravamo andati
eravate andati
erano andati

Imperfect subjunctive
che io andassi
che tu andassi
che lui/lei andasse
che noi andassimo
che voi andaste
che loro andassero

TO GO DOWN, to descend *scendere* [scend-ere], *intr.*
Gerund *scendendo* **Past participle** *sceso*
Imperative tu, scendi! (non scendere!); che lui/lei (non) scenda!; noi, (non) scendiamo!; voi, (non) scendete!; che loro (non) scendano!

Present indicative
scendo
scendi
scende
scendiamo
scendete
scendono

Future
scenderò
scenderai
scenderà
scenderemo
scenderete
scenderanno

Imperfect indicative
scendevo
scendevi
scendeva
scendevamo
scendevate
scendevano

Present conditional
scenderei
scenderesti
scenderebbe
scenderemmo
scendereste
scenderebbero

Present perfect
sono sceso
seisceso
è sceso
siamo scesi
siete scesi
sono scesi

Present subjunctive
che io scenda
che tu scenda
che lui/lei scenda
che noi scendiamo
che voi scendiate
che loro scendano

Past perfect
ero sceso
eri sceso
era sceso
eravamo scesi
eravate scesi
erano scesi

Imperfect subjunctive
che io scendessi
che tu scendessi
che lui/lei scendesse
che noi scendessimo
che voi scendessero
che loro scendessero

TO GO OUT, to exit, *uscire* [usc-ire], *irreg.*, *intr.*
Gerund *uscendo* **Past participle** *uscito*
Imperative tu, esci! (non uscire!); che lui/lei (non) esca!; noi, (non) usciamo!; voi, (non) uscite!; che loro (non) escano!

Present indicative
esco
esci
esce
usciamo
uscite
escono

Imperfect indicative
uscivo
uscivi
usciva
uscivamo
uscivate
uscivano

Present perfect
sono uscito
sei uscito
è uscito
siamo usciti
siete usciti
sono usciti

Past perfect
ero uscito
eri uscito
era uscito
eravamo usciti
eravate usciti
erano usciti

Future
uscirò
uscirai
uscirà
usciremo
uscirete
usciranno

Present conditional
uscirei
usciresti
uscirebbe
usciremmo
uscireste
uscirebbero

Present subjunctive
che io esca
che tu esca
che lui/lei esca
che noi usciamo
che voi usciate
che loro escano

Imperfect subjunctive
che io uscissi
che tu uscissi
che lui/lei uscisse
che noi uscissimo
che voi usciste
che loro uscissero

TO GO UP, to climb, to mount *salire* [sal-ire], *irreg.*, *tr.*
Gerund *salendo* **Past participle** *salito*
Imperative tu, sali! (non salire!); che lui/lei (non) salga!; noi, (non) saliamo!; voi, (non) salite!; che loro (non) salgano!

Present indicative
salgo
sali
sale
saliamo
salite
salgono

Imperfect indicative
salivo
salivi
saliva
salivamo
salivate
salivano

Present perfect
sono salito
sei salito
è salito
siamo saliti
siete saliti
sono saliti

Past perfect
ero salito
eri salito
era salito
eravamo saliti
eravate saliti
eravano saliti

Future
salirò
salirai
salirà
saliremo
salirete
saliranno

Present conditional
salirei
saliresti
salirebbe
saliremmo
salireste
salirebbero

Present subjunctive
che io salga
che tu salga
che tu salga
che noi saliamo
che voi saliate
che loro salgano

Imperfect subjunctive
che io salissi
che tu salissi
che lui/lei salisse
che noi salissimo
che voi saliste
che loro salissero

TO GRANT, to award, to concede *concedere* [conced-ere], *tr.*
Gerund *concedendo* **Past participle** *concesso*
Imperative tu, concedi! (non concedere!); che lui/lei (non) conceda!; noi, (non) concediamo!; voi, (non) concedete!; che loro (non) concedano!

Present indicative
concedo
concedi
concede
concediamo
concedete
concedono

Imperfect indicative
concedevo
concedevi
concedeva
concedevamo
concedevate
concedevano

Present perfect
ho concesso
hai concesso
ha concesso
abbiamo concesso
avete concesso
hanno concesso

Past perfect
avevo concesso
avevi concesso
aveva concesso
avevamo concesso
avevate cncesso
avevano concesso

Future
concederò
concederai
concederà
concederemo
concederete
concederanno

Present conditional
concederei
concederesti
concederebbe
concederemmo
concedereste
concederebbero

Present subjunctive
che io conceda
che tu conceda
che lui/lei conceda
che noi concediamo
che voi concediate
che loro concedano

Imperfect subjunctive
che io concedessi
che tu concedessi
che lui/lei concedesse
che noi concedessimo
che voi concedeste
che loro concedessero

TO GREET, to salute *salutare* [salut-are], *tr.*
Gerund *salutando* **Past participle** *salutato*
Imperative tu, saluta! (non salutare!); che lui/lei (non) saluti!; noi, (non) salutiamo!; voi, (non) salutate!; che loro (non) salutino!

Present indicative
saluto
saluti
saluta
salutiamo
salutate
salutano

Imperfect indicative
salutavo
salutavi
salutava
salutavamo
salutavate
salutavano

Present perfect
ho salutato
hai salutato
ha salutato
abbiamo salutato
avete salutato
hanno salutato

Past perfect
avevo salutato
avevi salutato
aveva salutato
avevamo salutato
avevate salutato
avevano salutato

Future
saluterò
saluterai
saluterà
saluteremo
saluterete
saluteranno

Present conditional
saluterei
saluteresti
saluterebbe
saluteremmo
salutereste
saluterebbero

Present subjunctive
che io saluti
che tu saluti
che lui/lei saluti
che noi salutiamo
che voi salutiate
che loro salutino

Imperfect subjunctive
che io salutassi
che tu salutassi
che lui/lei salutasse
che noi salutassimo
che voi salutaste
che loro salutassero

TO GROW, to increase *crescere* [cresc-ere], *intr.*
Gerund *crescendo* **Past participle** *cresciuto*
Imperative tu, cresci! (non crescere!); che lui/lei (non) cresca!; noi, (non) cresciamo!; voi, (non) crescete! che loro (non) cresacano!

Present indicative
cresco
cresci
cresce
cresciamo
crescete
crescono

Future
crescerò
crescerai
crescerà
cresceremo
crescerete
cresceranno

Imperfect indicative
crescevo
crescevi
cresceva
crescevamo
crescevate
crescevano

Present conditional
crescerei
cresceresti
crescerebbe
cresceremmo
crescereste
crescerebbero

Present perfect
sono cresciuto
sei cresciuto
è cresciuto
siamo cresciuti
siete cresciuti
sono cresciuti

Present subjunctive
che io cresca
che tu cresca
che lui/lei cresca
che noi cresciamo
che voi cresciate
che loro crescano

Past perfect
ero cresciuto
eri cresciuto
era cresciuto
eravamo cresciuti
eravate cresciuti
erano cresciuti

Imperfect subjunctive
che io crescessi
che tu crescessi
che lui/lei crescesse
che noi crescessimo
che voi cresceste
che loro crescessero

TO HANG (kill by hanging) *impiccare* [impicc-are], *tr*.
Gerund *impiccando* **Past participle** *impiccando*
Imperative tu, impicca! (non impiccare!); che lui/lei (non) impicchi!; noi, (non) impicchiamo!; voi, (non) impiccate!; che loro (non) impicchino!

Present indicative
impicco
impicchi
impicca
impicchiamo
impiccate
impiccano

Imperfect indicative
impiccavo
impiccavi
ompiccava
impiccavamo
impiccavate
impiccavano

Present perfect
ho impiccato
hai impiccato
ha impiccato
abbiamo impiccato
avete impiccato
hanno impiccato

Past perfect
avevo impiccato
avevi impiccato
aveva impiccato
avevamo impiccato
avevate impiccato
avevano impiccato

Future
impiccherò
impiccerai
impiccerà
impiccheremo
impiccherete
impiccheranno

Present conditional
impiccherei
impiccheresti
impiccherebbe
impiccheremmo
impicchereste
impiccherebbero

Present subjunctive
che io impicchi
che tu impicchi
che lui/lei impicchi
che noi impicchiamo
che voi impicchiate
che loro impicchino

Imperfect subjunctive
che io impiccassi
che tu impiccassi
che lui/lei impiccasse
che noi impiccassimo
che voi impiccaste
che loro impiccassero

TO HATE *odiare* [odi-are], *tr.*
Gerund *odiando* **Past participle** *odiato*
Imperative tu, odia! (non odiare!); che lui/lei (non) odi!; noi, (non) odiamo!; voi, (non) odiate!; che loro (non) odino!

Present indicative
odio
odi
odia
odiamo
odiate
odiano

Imperfect indicative
odiavo
odiavi
odiava
odiavamo
odiavate
odiavano

Present perfect
ho odiato
hai odiato
ha odiato
abbiamo odiato
avete odiato
hanno odiato

Past perfect
avevo odiato
avevi odiato
aveva odiato
avevamo odiato
avevate odato
avevano odiato

Future
odierò
odierai
odierà
odieremo
odierete
odieranno

Present conditional
odierei
odieresti
odierebbe
odieremmo
odiereste
odierebbero

Present subjunctive
che io odii
che tu odii
che lui/lei odii
che noi odiamo
che voi odiate
che loro odino

Imperfect subjunctive
che io odiassi
che tu odiassi
che lui/lei odiasse
che noi odiassimo
che voi odiaste
che loro odiassero

TO HAVE (to get) *avere* [av-ere], *aux.*, *irreg.*, *tr.*
Gerund *avendo* **Past participle** *avuto*
Imperative tu, abbi! (non avere!); che lui/lei (non) abbia!; noi, (non) abbiamo!; voi, (non) abbiate! che loro (non) abbiano!

Present indicative
ho
hai
ha
abbiamo
avete
hanno

Future
avrò
avrai
avrà
avremo
avrete
avranno

Imperfect indicative
avevo
avevi
aveva
avevamo
avevate
avevano

Present conditional
avrei
avresti
avrebbe
avremmo
avreste
avrebbero

Present perfect
ho avuto
hai avuto
ha avuto
abbiamo avuto
avete avuto
hanno avuto

Present subjunctive
che io abbia
che tu abbia
che lui/lei abbia
che noi abbiamo
che voi abbiate
che loro abbiano

Past perfect
avevo avuto
avevi avuto
aveva avuto
avevamo avuto
avevate avuto
avevano avuto

Imperfect subjunctive
che oi avessi
che tu avessi
che lui/lei avesse
che noi avessimo
che voi aveste
che loro avessero

TO HAVE TO, to owe *dovere* [dov-ere], *irreg.*, *intr.*
Gerund *dovendo* **Past participle** *dovuto*
Imperative tu, devi! (non devi!); che lui/lei (non) debba!; noi, (non) dobbiamo!; voi, (non) dovete!; che loro (non) debbano!

Present indicative
devo(debbo)
devi
deve
dobbiamo
dovete
devono (debbono)

Future
dovrò
dovrai
dovrà
dovremo
dovrete
dovranno

Imperfect indicative
dovevo
dovevi
doveva
dovevamo
dovevate
dovevano

Present conditional
dovrei
dovresti
dovrebbe
dovremmo
dovreste
dovrebbero

Present perfect
ho dovuto
hai dovuto
ha dovuto
abbiamo dovuto
avete dovuto
hanno dovuto

Present subjunctive
che io deva(debba)
che tu deva(debba)
che lui/lei deva(debba)
che noi dobbiamo
che voi dobbiate
che loro devano(debbano)

Past perfect
avevo dovuto
avevi dovuto
aveva dovuto
avevamo dovuto
avevate dovuto
avevano dovuto

Imperfect subjunctive
che io dovessi
che tu dovessi
che lui/lei dovesse
che noi dovessimo
che voi doveste
che loro dovessero

TO HEAL, to recover *guarire* [guar-ire], *tr.* and *intr.*
Gerund *guarendo* **Past participle** *guarito*
Imperative tu, guarisci! (non guarire!); che lui/lei (non) guarisca!; noi, (non) guariamo!; voi, (non) guarite!; che loro (non) guariscano!

Present indicative
guarisco
guarisci
guarisce
guariamo
guarite
guariscono

Imperfect indicative
guarivo
guarivi
guariva
guarivamo
guarivate
guarivano

Present perfect
sono guarito
sei guarito
è guarito
siamo guariti
siete guariti
sono guariti

Past perfect
ero guarito
eri guarito
era guarito
eravamo guariti
eravate guariti
erano guariti

Future
guarirò
guarirai
guarirà
guariremo
guarirete
guariranno

Present conditional
guarirei
guariresti
guarirebbe
guariremmo
guarireste
guarirebbero

Present subjunctive
che io guarisca
che tu guarisca
che lui/lei guarisca
che noi guariamo
che voi guariate
che loro guariscano

Imperfect subjunctive
che io guarissi
che tu guarissi
che lui/lei guarisse
che noi guarissimo
che voi guariste
che loro guarissero

TO HEAR *sentire* [sent-ire], *tr.*

Gerund *sentendo* **Past participle** *sentito*

Imperative tu, senti! (non sentire!); che lui/lei (non) senta!; noi,(non) sentiamo!; voi, (non) sentite!; che loro (non) sentano!

Present indicative
sento
senti
sente
sentiamo
senfite
sentono

Future
sentirò
sentirai
sentirà
sentiremo
sentirete
sentiranno

Imperfect indicative
sentivo
sentivi
sentiva
senfivamo
sentivate
sentivano

Present conditional
sentirei
seniresti
sentirebbe
sentiremmo
sentireste
sentirebbero

Present perfect
ho sentito
hai sentito
ha sentito
abbiamo sentito
avete sentito
hanno sentito

Present subjunctive
che io senta
che tu senta
che lui/lei senta
che noi sentiamo
che voi sentiate
che loro sentano

Past perfect
avevo sentito
avevi sentito
aveva sentito
avevamo sentito
avevate sentito
avevano sentito

Imperfect subjunctive
che io sentissi
che tu sentissi
che lui/lei sentisse
che noi sentissimo
che voi sentiste
che loro sentissero

TO HEAT, to warm up *riscaldare* [riscald-are], *tr.*
Gerund *riscaldando* **Past participle** *riscaldato*
Imperative tu, riscalda! (non riscaldare!); che lui/lei (non) riscaldi!; noi, (non) riscaldiamo!; voi, (non) riscaldate!; che loro (non) riscaldino!

Present indicative
riscaldo
riscaldi
riscalda
riscaldiamo
riscaldate
riscaldano

Imperfect indicative
riscaldavo
riscaldavi
riscaldava
riscaldavamo
riscaldavate
riscaldavano

Present perfect
ho riscaldato
hai riscaldato
ha riscaldato
abbiamo riscaldato
avete riscaldato
hanno riscaldato

Past perfect
avevo riscaldato
avevi riscaldato
aveva riscaldato
avevamo riscaldato
avevate riscaldato
avevano riscaldato

Future
riscalderò
riscalderai
riscalderà
riscalderemo
riscalderete
riscalderanno

Present conditional
ri scalderei
riscalderesti
riscalderebbe
riscalderemmo
riscaldereste
riscalderebbero

Present subjunctive
che io riscaldi
che tu riscaldi
che lui/lei riscaldi
che noi riscaldiamo
che voi riscaldiate
che loror riscaldino

Imperfect subjunctive
che io riscaldassi
che tu riscaldassi
che lui/lei riscaldasse
che noi riscaldassimo
che voi riscaldaste
che loro riscaldassero

TO HELP *aiutare* [aiut-are], *tr.*
Gerund *aiutando* **Past participle** *aiutato*
Imperative tu, aiuta! (non aiutare)!; che lui/lei (non) aiuti!; noi, (non) aiutiamo!; voi, (non) aiutate!; che loro (non) aiutino!

Present indicative
aiuto
aiuti
aiuta
aiutiamo
aiutate
aiutano

Imperfect indicative
aiutavo
aiutavi
aiutava
aiutavamo
aiutavate
aiutavano

Present perfect
ho aiutato
hai aiutato
ha aiutato
abbiamo aiutato
avete aiutato
hanno aiutato

Past perfect
avevo aiutato
avevi aiutato
aveva aiutato
avevamo aiutato
avevate aiutato
avevano aiutato

Future
aiuterò
aiuterai
aiuterà
aiuteremo
aiuterete
aiuteranno

Present conditional
aiuterei
aiuteresti
aiuterebbe
aiuteremmo
aiutereste
aiuterebbero

Present subjunctive
che io aiuti
che tu aiuti
che lui/lei aiuti
che noi aiutiamo
che voi aiutiate
che loro aiutino

Imperfect subjunctive
che io aiutassi
che tu aiutassi
che lui/lei aiutasse
che noi aiutassimo
che voi aiutaste
che loro aiutassero

TO HIDE *nascondere* [nascond-ere], *tr*.
Gerund *nascondendo* **Past participle** *nascosto*
Imperative tu, nascondi! (non nascondere!); che lui/lei (non) nasconda!; noi, (non) nascondiamo!; voi, (non) nascondete!; che loro (non) nascondano

Present indicative
nascondo
nascondi
nasconde
nascondiamo
nascondete
nascondono

Imperfect indicative
nascondevo
nascondevi
nascondeva
nascondevamo
nascondevate
nascondevano

Present perfect
ho nascosto
hai nascosto
ha nascosto
abbiamo nascosto
avete nascosto
hanno nascosto

Past perfect
avevo nascosto
avevi nascosto
aveva nascosto
avevamo nascosto
avevate nascosto
avevano nascosto

Future
nasconderò
nasconderai
nasconderà
nasconderemo
nasconderete
nasconderanno

Present conditional
nasconderei
nasconderesti
nasconderebbe
nasconderemmo
nascondereste
nasconderebbero

Present subjunctive
che io nasconda
che tu nasconda
che lui/lei nasconda
che noi nascondiamo
che voi nascondiate
che loror nascondano

Imperfect subjunctive
che io nascondessi
che tu nascondessi
che lui/lei nascondesse
che noi nascondessimo
che voi nascondeste
che loro nascondessero

TO HINDER *impedire* (impedire), *tr.*
Gerund *impedendo* **Past participle** *impedito*
Imperative tu, impedisci! (non impedire!); che lui/lei (non) impedisca!; noi, (non) impediamo!; voi, (non) impedite!; che loro (non) impediscano!

Present indicative
impedisco
impedisci
impedisce
impediamo
impedite
impediscono

Imperfect indicative
impedivo
impedivi
impediva
impedivamo
impedivate
impedivano

Present perfect
ho impedito
hai impedito
ha impedito
abbiamo impedito
avete impedito
hanno impedito

Past perfect
avevo impedito
avevi impedito
aveva impedito
avevamo impedito
avevate impedito
avevano impedito

Future
impedirò
impedirai
impedirà
impediremo
impedirete
impediranno

Present conditional
impedirei
impediresti
impedirebbe
impediremmo
impedireste
impedirebbero

Present subjunctive
che io impedisca
che tu impedisca
che lui/lei impedisca
che noi impediamo
che voi impediate
che loro impediscano

Imperfect subjunctive
che io impedissi
che tu impedissi
che lui/lei impedisse
che noi impedissimo
che voi impediste
che loro impedissero

TO HIT, to strike *colpire* [colp-ire], *tr*.
Gerund *colpendo* **Past participle** *colpito*
Imperative tu, colpisci! (non colpire!); che lui/lei (non) colpisca!; noi, (non) colpiamo!; voi, (non) colpite!; che loro (non) colpiscano!

Present indicative
colpisco
colpisci
colpisce
colpiamo
colpite
colpiscono

Imperfect indicative
colpivo
colpivi
colpiva
colpivamo
colpivate
colpivano

Present perfect
ho colpito
hai colpito
ha colpito
abbiamo colpito
avete colpito
hanno colpito

Past perfect
avevo colpito
avevi colpito
aveva colpito
avevamo colpito
avevate colpito
avevano colpito

Future
colpirò
colpirai
colpirà
colpiremo
colpirete
colpiranno

Present conditional
colpirei
colpiresti
colpirebbe
colpiremmo
colpireste
colpirebbero

Present subjunctive
che io colpisca
che tu colpisca
che lui/lei colpisca
che noi colpiamo
.che voi colpiate
che loro colpiscano

Imperfect subjunctive
che io colpissi
che tu colpissi
che lu/lei colpisse
chew noi colpissimo
che voi colpiste
che loro colpissero

TO HOPE *sperare* [sper-are], *tr.*
Gerund *sperando* **Past participle** *sperato*
Imperative tu, spera! (non sperare!); che lui/lei (non) speri!; noi, (non) speriamo!; voi, (non) sperate!; che loro (non) sperino!

Present indicative
spero
speri
spera
speriamo
sperate
sperano

Future
spererò
spererai
spererà
spereremo
spererete
spereranno

Imperfect indicative
speravo
speravi
sperava
speravaino
speravate
speravano

Present conditional
spererei
spereresti
spererebbe
spereremmo
sperereste
spererebbero

Present perfect
ho sperato
hai sperato
ha sperato
abbiamo sperato
avete sperato
hanno sperato

Present subjunctive
che io speri
che tu speri
che lui/lei speri
che noi speriamo
che voi speriate
che loro sperino

Past perfect
avevo sperato
avevi sperato
aveva sperato
avevamo sperato
avevate sperato
avevano sperato

Imperfect subjunctive
che io sperassi
che tu sperassi
che lui/lei sperasse
che noi sperassimo
che voi speraste
che loro sperassero

TO HURRY, rush *affrettarsi* [affrett-are se stesso], *refl.*
Gerund *affrettandosi* **Past participle** *affrettatosi*
Imperative tu, affrettati! (non affrettarti !); che lui/lei (non) si affretti!; noi, (non) affrettiamoci!; voi, (non) affrettatevi! che loro (non) si affrettino!

Present indicative
mi affretto
ti affretti
si affretta
ci affrettiamo
vi affrettate
si affrettano

Imperfect indicative
mi affrettavo
ti affrettavi
si affrettava
ci affrettavamo
vi affrettavate
si affrettavano

Present perfect
mi sono affrettato
ti sei affrettato
si è affrettato
ci siamo affrettati
vi siete affrettati
si sono affrettati

Past perfect
mi ero affrettato
ti eri affrettato
si era affrettato
ci eravamo affrettati
vi eravate affrettati
si erano affrettati

Future
mi affretterò
ti affretterai
si affretterà
ci affretteremo
vi affretterete
si affretteranno

Present conditional
mi affretterei
ti affretteresti
si affretterebbe
ci affretteremmo
vi affrettereste
si affretterebbero

Present subjunctive
che io mi affretti
che tu ti affretti
che lui/ lei si affretti
che noi ci affrettiamo
che voi vi affrettiate
che loro si affrettino

Imperfect subjunctive
che io mi affrettassi
che tu ti affrettassi
che lui/leisi affrettasse
che noi ci affrettassimo
che voi vi affrettaste
che loro si affrettassero

O IMPROVE *migliorare* [miglior-are], *tr.*
erund *migliorando* **Past participle** *migliorato*
mperative tu, migliora! (non migliorare!); che lui/ ei (non) migliori!; noi, (non) miglioriamo!; voi, non) migliorate! che loro (non) migliorino!

---

resent indicative
nigliioro
nigliori
nigliora
nigliioriamo
nigliorate
nigliorano

mperfect indicative
nigliioravo
nigliioravi
nigliiorava
nigliioravamo
nigliioravate
nigliioravano

esent perfect
o miiorato
ai migliorato
a migliorato
bbiamo migliorato
vete migliorato
anno migliorato

ast perfect
vevo migliorato
vevi miiorato
veva migliorato
vevamo migliorato
vevate migliorato
vevano migliorato

Future
migliorerò
migliorerai
migliorerà
mi glioreremo
migliorerete
miglioreranno

Present conditional
migliorerei
miglioreresti
migliorerebbe
miglioreremmo
migliorereste
migliorerebbero

Present subjunctive
che io migliori
che tu migliori
che lui/lei migliori
che noi miglioriamo
che voi miglioriate
che loro migliorino

Imperfect subjunctive
che io migliorassi
che tu migliorassi
che lui/lei migliorasse
che noi migliorassimo
che voi miglioraste
che loro migliorassero

TO INCREASE *aumentare* [aument-are], *tr.* and *intr.*
Gerund *aumentando* **Past participle** *aumentato*
Imperative tu, aumenta! (non aumentare!); che lui/lei (non) aumenti!; noi, (non) aumentiamo!; voi, (non) aumentate!; che loro (non) aumentino!

Present indicative
aumento
aumenti
aumenta
aumentiamo
aumentate
aumentano

Imperfect indicative
aumentavo
aumentavi
aumentava
aumentavamo
aumentavate
aumentavano

Present perfect
ho aumentato
hai aumentato
ha aumentato
abbiamo aumentato
avete aumentato
hanno aumentato

Past perfect
avevo aumentato
avevi aumentato
aveva aumentato
avevamo aumentato
avevate aumentato
avevano aumentato

Future
aumenterò
aumenterai
aumenterà
aumenteremo
aumenterete
aumenteranno

Present conditional
aumenterei
aumenteresti
aumenterebbe
aumenteremmo
aumentereste
aumenterebbero

Present subjunctive
che io aumenti
che tu aumenti
che lui/lei aumenti
che noi aumentiamo
che voi aumentiate
che loro aumentino

Imperfect subjunctive
che io aumentassi
che tu aumentassi
che lui/lei aumentasse
che noi aumentassimo
che voi aumentaste
che loro aumentassero

TO INVITE *invitare* [invit-are], *tr.*
Gerund *invitando* **Past participle** *invitato*
Imperative tu, invita! (non invitare!); che lui/lei (non) inviti! noi, (non) invitiamo!; voi, (non) invitate! che (non) loro invitino!

Present indicative
invito
inviti
invita
invitiamo
invitate
invitano

Imperfect indicative
invitavo
invitavi
invitava
invitavamo
invitavate
invitavano

Present perfect
ho invitato
hai invitato
ha invitato
abbiamo invitato
avete invitato
hanno invitato

Past perfect
avevo invitato
avevi invitato
aveva invitato
avevamo invitato
avevate invitato
avevano invitato

Future
inviterò
inviterai
inviterà
inviteremo
inviterete
inviteranno

Present conditional
inviterei
inviteresti
inviterebbe
inviteremmo
invitereste
inviterebbero

Present subjunctive
che io inviti
che tu inviti
che lui/lei inviti
che noi invitiamo
che voi invitiate
che loro invitino

Imperfect subjunctive
che io invitassi
che tu invitassi
che lui/lei invitasse
che noi invitassimo
che voi invitaste
che loro invitassero

TO KEEP, to hold *tenere* [ten-ere], *tr.*
Gerund *tenendo* **Past participle** *tenuto*
Imperative tu, tieni! (non tenere!); che lui/lei (non) tenga!; noi, (non) teniamo!; voi, (non) tenete!; che loro (non) tengano!

Present indicative
tengo
tieni
tiene
teniamo
tenete
tengono

Imperfect indicative
tenevo
tenevi
teneva
tenevamo
tenevate
tenevano

Present perfect
ho tenuto
hai tenuto
ha tenuto
abbiamo tenuto
avete tenuto
hanno tenuto

Past perfect
avevo tenuto
avevi tenuto
aveva tenuto
avevamo tenuto
avevate tenuto
avevano tenuto

Future
terrò
terrai
terrà
terremo
terrete
terranno

Present conditional
terrei
terresti
terrebbe
terremmo
terreste
terrebbero

Present subjunctive
che io tenga
che tu tenga
che lui/lei tenga
che noi teniamo
che voi teniate
che loro tengano

Imperfect subjunctive
che io tenessi
che tu tenessi
che lui/lei tenesse
che noi tenessimo
che voi teneste
che loro tenessero

TO KEEP BACK *trattenere* [tratten-ere], *tr.*
Gerund *trattenendo* **Past participle** *trattenuto*
Imperative tu, trattieni! (non trattenere!); che lui/lei (non) trattenga!; noi, (non) tratteniamo!; voi, (non) trattenete!; che loro (non) trattengano!

Present indicative
trattengo
trattieni
trattiene
tratteniamo
trattenete
trattengono

Imperfect indicative
trattenevo
trattenevi
tratteneva
trattenevamo
trattenevate
trattenevano

Present perfect
ho trattenuto
hai trattenuto
ha trattenuto
abbiamo trattenuto
avete trattenuto
hanno trattenuto

Past perfect
avevo trattenuto
avevi trattenuto
aveva trattenuto
avevamo trattenuto
avevate trattenuto
avevano trattenuto

Future
tratterrò
tratterrai
tratterrà
tratterremo
tratterrete
tratterranno

Present conditional
tratterrei
tratterresti
tratterrebbe
tratterremmo
tratterreste
tratterrebbero

Present subjunctive
che io trattenga
che tu trattenga
che lui/lei trattenga
che noi tratteniamo
che voi tratteniate
che loro trattengano

Imperfect subjunctive
che io trattenessi
che tu trattenessi
che lui/lei trattenesse
che noi trattenessimo
che voi tratteneste
che loro trattenessero

TO KILL *uccidere* [uccid-ere], *tr.*
Gerund *uccidendo* **Past participle** *ucciso*
Imperative tu, uccidi! (non uccidere!); che lui/lei (non) uccida!; noi, (non) uccidiamo!; voi, (non) uccidete!; che loro (non) uccidano!

Present indicative
uccido
uccidi
uccide
uccidiamo
uccidete
uccidono

Future
ucciderò
ucciderai
ucciderà
uccideremo
ucciderete
uccideranno

Imperfect indicative
uccidevo
uccidevi
uccideva
uccidevamo
uccidevate
uccidevano

Present conditional
ucciderei
uccideresti
ucciderebbe
uccideremmo
uccidereste
ucciderebbero

Present perfect
ho ucciso
hai ucciso
ha ucciso
abbiamo ucciso
avete ucciso
hanno ucciso

Present subjunctive
che io uccida
che tu uccida
che lui/lei uccida
che noi uccidiamo
che voi uccidiate
che loro uccidano

Past perfect
avevo ucciso
avevi ucciso
avea ucciso
avevamo ucciso
avevate ucciso
avevano ucciso

Imperfect subjunctive
che io uccidessi
che tu uccidessi
che lui/lei uccidesse
che noi uccidessimo
che voi uccideste
che loro uccidessero

TO KISS *baciare* [baci-are], *tr.*
Gerund *baciando* **Past participle** *baciato*
Imperative tu, bacia! (non baciare!); che lui/lei (non) baci!; noi, (non) baciamo!; voi, (non) baciate! che loro (non) bacino!

Present indicative
bacio
baci
bacia
baciamo
baciate
baciano

Imperfect indicative
baciavo
baciavi
baciava
baciavamo
baciavate
baciavano

Present perfect
ho baciato
hai baciato
ha baciato
abbiamo baciato
avete baciato
hanno baciato

Past perfect
avevo baciato
avevi baciato
aveva baciato
avevamo baciato
avevate baciato
avevano baciato

Future
bacerò
bacerai
bacerà
baceremo
bacerete
baceranno

Present conditional
bacerei
baceresti
bacerebbe
baceremmo
bacereste
bacerebbero

Present subjunctive
chre io baci
che tu baci
che lui/leibaci
che noi baciamo
che voi baciate
che loro bacino

Imperfect subjunctive
che io baciassi
che tu baciassi
che lui/lei baciasse
che noi baciassimo
che voi baciaste
che loro baciassero

TO KNOW, to meet *conoscere* [conosc-ere], *tr.*
Gerund *conoscendo* **Past participle** *conosciuto*
Imperative tu, conosci! (non conoscere!); che lui/lei (non) conosca!; noi, (non) conosciamo!; voi, (non) conoscete!; che loro (non) conoscano!

Present indicative
conosco
conosci
conosce
conosciamo
conoscete
conoscono

Imperfect indicative
conoscevo
conoscevi
conosceva
conoscevamo
conoscevate
conoscevano

Present perfect
ho conosciuto
hai conosciuto
ha conosciuto
abbiamo conosciuto
avete conosciuto
hanno conosciuto

Past perfect
avevo conosciuto
avevi conosciuto
aveva conosciuto
avevamo conosciuto
avevate conosciuto
avevano conosciuto

Future
conoscerò
conoscerai
conoscerà
conosceremo
conoscerete
conosceranno

Present conditional
conoscerei
conosceresti
conoscerebbe
conosceremmo
conoscereste
conoscerebbero

Present subjunctive
che io conosca
che tu conosca
che lui/lei conosca
che noi conosciamo
che voi conosciate
che loro conoscano

Imperfect subjunctive
che io conoscessi
che tu conoscessi
che lui/lei conoscesse
che noi conoscessimo
che voi conosceste
che loro conoscessero

o KNOW *sapere* [sap-ere], *irreg.*, *tr.*
erund *sapendo* **Past participle** *saputo*
mperative tu, sappi! (non sapere!); che lui/lei
non) sappia!; noi, (non) sappiamo!; voi, (non)
appiate!; che loro (non) sappiano!

---

resent indicative
o
ai
a
appiamo
apete
anno

Future
saprò
saprai
saprà
sapremo
saprete
sapranno

mperfect indicative
apevo
apevi
apeva
apevamo
apevate
apevano

Present conditional
saprei
sapresti
saprebbe
sapremmo
sapreste
saprebbero

resent perfect
o saputo
ai saputo
a saputo
bbiamo saputo
vete saputo
anno saputo

Present subjunctive
che io sappia
che tu sappia
che lui/lei sappia
che noi sappiamo
che voi sappiate
che loro sappiano

ast perfect
vevo saputo
vevi saputo
veva saputo
vevamo saputo
vevate saputo
vevano saputo

Imperfect subjunctive
che io sapessi
che tu sapessi
che lui/lei sapesse
che noi sapessimo
che voi sapeste
che loro sapessero

TO LAUGH *ridere* [rid-ere]; *tr.* and *intr.*
Gerund *ridendo* **Past participle** *riso*
Imperative tu, ridi! (non ridere!); che lui/lei rida!; noi, (non) ridiamo!; voi, (non) ridete!; che loro (non) ridano!

Present indicative
rido
ridi
ride
ridiamo
ridete
ridono

Future
riderò
riderai
riderà
rideremo
riderete
rideranno

Imperfect indicative
ridevo
ridevi
rideva
ridevamo
ridevate
ridevano

Present conditional
riderei
rideresti
riderebbe
riderenimo
ridereste
riderebbero

Present perfect
ho riso
hai riso
ha riso
abbiamo riso
avete riso
hanno riso

Present subjunctive
che io rida
che tu rida
che lui/lei rida
che noi ridiamo
che voi ridiate
che loro ridano

Past perfect
avevo riso
avevi riso
aveva riso
avevamo riso
avevate riso
avevano riso

Imperfect subjunctive
che io ridessi
che tu ridessi
che lui/lei ridesse
che noi ridessimo
che voi rideste
che loro ridessero

O LEAD, to direct *dirigere* [dirig-ere], *tr.*
erund *dirigendo* **Past participle** *diretto*
mperative tu, dirigi! (non dirigere!); che lui/lei
non) diriga!; noi, (non) dirigiamo!; voi, (non)
lirigete!; che loro (non) dirigano!

---

resent indicative
lirigo
lirigi
lirige
lirigiamo
lirigete
lirigono

mperfect indicative
lirigevo
lirigevi
lirigeva
lirigevamo
lirigevate
lirigevano

resent perfect
io diretto
iai diretto
ia diretto
ibbiamo diretto
ivete diretto
ianno diretto

ast perfect
ivevo diretto
ivevi diretto
iveva diretto
ivevamo diretto
ivevate diretto
ivevano diretto

Future
dirigerò
dirigerai
dirigerà
dirigeremo
dirigerete
dirigeranno

Present conditional
dirigerei
dirigeresti
dirigerebbe
dirigeremmo
dirigereste
dirigerebbero

Present subjunctive
che io diriga
che tu diriga
che lui/lei diriga
che noi dirigiamo
che voi dirigiate
che loro dirigano

Imperfect subjunctive
che io dirigessi
che tu dirigessi
che lui/lei dirigesse
che noi dirigessimo
che voi dirigeste
che loro dirigessero

TO LEARN *imparare* [impar-are], *tr*.
Gerund *imparando* **Past participle** *imparato*
Imperative tu, impara! (non imparare!); che lui/lei (non) impari!; noi, (non) impariamo!; voi, (non) imparate!; che loro (non) imparino!

Present indicative
imparo
impari
impara
impariamo
imparate
imparano

Future
imparerò
imparerai
imparerà
impareremo
imparerete
impareranno

Imperfect indicative
imparavo
imparavi
imparava
imparavamo
imparavate
imparavano

Present conditional
imparerei
impareresti
imparerebbe
impareremmo
imparereste
imparerebbero

Present perfect
ho imparato
hai imparato
ha imparato
abbiamo imparato
avete imparato
hanno imparato

Present subjunctive
che io impari
che tu impari
che lui/lei impari
che noi impariamo
che voi impariate
che loro imparino

Past perfect
avevo imparato
avevi imparato
aveva imparato
avevamo imparato
avevate imparato
avevano imparato

Imperfect subjunctive
che io imparassi
che tu imparassi
che lui/lei imparasse
che noi imparassimo
che voi imparaste
che loro imparassero

O LEAVE *andarsene* [and-are da, to go away from], *intr.*, *irreg.*
erund *andandosene* **Past participle** *andatosene*
mperative tu, vattene! (non andartene!); che lui/lei non) se ne vada!; noi, (non) andiamocene!; voi, non) andatevene!; che loro (non) se ne vadano!

---

resent indicative
ne ne vado
e ne vai
e ne va
e ne andiamo
e ne andate
e ne vanno

mperfect indicative
ne ne andavo
e ne andavi
e ne andava
e ne andavamo
e ne andavate
e ne andavano

resent perfect
ne ne sono andato
e ne sei andato
e ne è andato
e ne siamo andati
e ne siete andati
e ne sono andati

ast perfect
ne ne ero andato
e ne eri andato
e ne era andato
e ne eravamo andati
e ne eravate andati
e ne erano andati

Future
me ne andrò
te ne andrai
se ne andrà
ce ne andremo
ve ne andrete
se ne andranno

Present conditional
me ne andrei
te ne andresti
se ne andrebbe
ce ne andremmo
ve ne andreste
se ne andrebbero

Present subjunctive
che io me ne vada
che tu te ne vada
che lui/lei se ne vada
che noi ce ne andiamo
che voi ve ne andiate
che loro se ne vadano

Imperfect subjunctive
che io me ne andassi
che tu te ne andassi
che lui/lei se ne andasse
che noi ce ne andassimo
che voi ve ne andaste
che loro se ne andassero

TO LEAVE, to abandon *lasciare* [lasci-are], *tr.*
Gerund *lasciando* **Past participle** *lasciato*
Imperative tu, lascia! (non lasciare!); che lui/lei (non) lasci!; noi, (non) lasciamo! voi, (non) lasciate! che loro (non) lascino!

Present indicative
lascio
lasci
lascia
lasciamo
lasciate
lasciano

Imperfect indicative
lasciavo
lasciavi
lasciava
lasciavamo
lasciavate
lasciavano

Present perfect
ho lasciato
hai lasciato
ha lasciato
abbiamo lasciato
avete lasciato
hanno lasciato

Past perfect
avevo lasciato
avevi lasciato
aveva lasciato
avevamo lasciato
avevate lasciato
avevano lasciato

Future
lascerò
lascerai
lascerà
lasceremo
lascerete
lasceranno

Present conditional
lascerei
lasceresti
lascerebbe
lasceremmo
lascereste
lascerebbero

Present subjunctive
che io lasci
che tu lasci
che lui lasci
che noi lasciamo
che voi lasciate
che loro lascino

Imperfect subjunctive
che io lasciassi
che tu lasciassi
che lui/lei lasciasse
che noi lasciassimo
che voi lasciaste
che loro lasciassero

TO LEAVE, to go away, to set out *partire* [part-ire], *intr.*
Gerund *partendo* **Past participle** *partito*
Imperative tu, parti! (non partire!); che lui/lei (non) parta!; noi, (non) partiamo!; voi, (non) partite!; che loro (non) partano!

Present indicative
parto
parti
parte
partiamo
partite
partono

Future
partirò
partirai
partirà
partiremo
partirete
partiranno

Imperfect indicative
partivo
partivi
partiva
partivamo
partivate
partivano

Present conditional
partirei
partiresti
partirebbe
partiremmo
partireste
partirebbero

Present perfect
sono partito
sei partito
è partito
siamo partiti
siete partiti
sono partiti

Present subjunctive
che io parta
che tu parta
che lui/lei parta
che noi partiamo
che voi partiate
che loro partano

Past perfect
ero partito
eri partito
era partito
eravamo partiti
eravate partiti
eravano partiti

Imperfect subjunctive
che io partissi
che tu partissi
che lui/lei partisse
che noi partissimo
che voi partiste
che loro partissero

TO LEND *prestare* [prest-are], *tr*.
Gerund *prestando* **Past participle** *prestato*
Imperative tu, presta! (non prestare!); che lui/lei (non) presti!; noi, (non) prestiamo!; voi, (non) prestate!; che loro (non) prestino!

Present indicative
presto
presti
presta
prestiamo
prestate
prestano

Imperfect indicative
prestavo
prestavi
prestava
prestavamo
prestavate
prestavano

Present perfect
ho prestato
hai prestato
ha prestato
abbiamo prestato
avete prestato
hanno prestato

Past perfect
ho prestato
hai prestatyo
ha prestato
abbiamo prestato
avete prestato
hanno prestato

Future
presterò
presterai
presterà
presteremo
presterete
presteranno

Present conditional
presterei
presteresti
presterebbe
presteremmo
prestereste
presterebbero

Present subjunctive
che io presti
che tu presti
che lui/lei presti
che noi prestiamo
che voi prestiate
che loro prestino

Imperfect subjunctive
che io prestassi
che tu prestassi
che lui/lei prestasse
che noi prestassimo
che voi prestaste
che loro prestassero

TO LET, to rent *affittare* [affitt-are], *tr*.
Gerund *affittando* **Past participle** *affittato*
imperative tu, affitta! (non affittare!); che lui/lei (non) affitti!; noi, (non) affittiamo!; voi (non) affittate!; che loro (non) affittino!

Present indicative
affitto
affitti
affitta
affittiamo
affittate
affittano

Imperfect indicative
affittavo
affittavi
affittava
affittavamo
affittavate
affittavano

Present perfect
ho affittato
hai affittato
ha affittato
abbiamo affittato
avete affittato
hanno affittato

Past perfect
avevo affittato
avevi affittato
aveva affittato
avevamo affittato
avevate affittato
avevano affittato

Future
affitterò
affitterai
affitterà
affitteremo
affitterete
affitteranno

Present conditional
affitterei
affittrersti
affitterebbe
affitteremmo
affittereste
affitterebbero

Present subjunctive
che io affitti
che tu affitti
che lui/lei affitti
che noi affittiamo
che voi affittiate
che loro affittino

Imperfect subjunctive
che io affittassi
che tu affittassi
che lui/lei affittasse
che noi affittassimo
che voi affittaste
che loro affittassero

TO LIE, TELL LIES *mentire* [ment-ire], *intr.*
Gerund *mentendo* **Past participle** *mentito*
Imperative tu, menti! (non mentire!); che lui/lei (non) menta!; noi, (non) mentiamo!; voi, (non) mentitie!; che loro (non) mentano!

Present indicative
mento
menti
mente
mentiamo
mentite
mentono

Imperfect indicative
mentivo
mentivi
mentiva
mentivamo
mentivate
mentivano

Present perfect
ho mentito
hai mentito
ha mentito
abbiamo mentito
avete mentito
hanno mentito

Past perfect
avevo mentito
avevi mentito
aveva mentito
avevamo mentito
avevate mentito
avevano mentito

Future
mentirò
mentirai
mentirà
mentiremo
mentirete
mentiranno

Present conditional
mentirei
mentiresti
mentirebbe
mentiremmo
mentireste
mentirebbero

Present subjunctive
che io menta
che tu menta
che lui/lei menta
che noi mentiamo
che voi mentiate
che loro mentano

Imperfect subjunctive
che io mentissi
che tu mentissi
che lui/lei mentisse
che noi mentissimo
che voi mentiste
che loro mentissero

TO LIMIT, to restrict *limitare* [limit-are], *tr.*
Gerund *limitando* **Past participle** *limitato*
Imperative tu, limita! (non limitare!); che lui/lei (non) limiti!; noi, (non) limitiamo!; voi, (non) limitate!; che loro (non) limitino!

Present indicative
limito
limiti
limita
limitiamo
limitate
limitano

Imperfect indicative
limitavo
limitavi
limitava
limitavamo
limitavate
limitavano

Present perfect
ho limitato
hai limitato
ha limitato
abbiamo limitato
avete limitato
hanno limitato

Past perfect
avevo limitato
avevi limitato
aveva limitato
avevamo limitato
avevate limitato
avevano limitato

Future
limiterò
liniterai
limiterà
limiteremo
limiterete
limiteranno

Present conditional
limiterei
limiteresti
limiterebbe
limiteremmo
limitereste
limiterebbero

Present subjunctive
che io limiti
che tu limiti
che lui/lei limiti
che noi limitiamo
che voi limitiate
che loro limitino

Imperfect subjunctive
che io limitassi
che tu limitassi
che lui/lei limitasse
che noi limitassimo
che voi limitaste
che loro limitasserro

TO LISTEN *ascoltare* [ascolt-are], *tr.*
Gerund *ascoltando* **Past participle** *ascoltato*
Imperative tu, ascolta! (non ascoltare!); che lui/lei (non) ascolti!: noi, (non) ascoltiamo!; voi, (non) ascoltate!; che loro (non) ascoltino!

Present indicative
ascolto
ascolti
ascolta
ascoltiamo
ascoltate
ascoltano

Imperfect indicative
ascoltavo
ascoltavi
ascoltava
ascoltavamo
ascoltavate
ascoltavano

Present perfect
ho ascoltato
hai ascoltato
ha ascoltato
abbiamo ascoltato
avete ascoltato
hanno ascoltato

Past perfect
avevo ascoltato
avevi ascoltato
aveva ascoltato
avevamo ascoltato
avevate ascoltato
avevano ascoltato

Future
ascolterò
ascolterai
ascolterà
ascolteremo
ascolterete
ascolteranno

Present conditional
ascolterei
ascolteresti
ascolterebbe
ascolteremmo
ascoltereste
ascolterebbero

Present subjunctive
che io ascolti
che tu ascolti
che lui/lei ascolti
che noi ascoltiamo
che voi ascoltiate
che loro ascoltino

Imperfect subjunctive
che io ascoltassi
che tu ascoltassi
che lui/lei ascoltasse
che noi ascoltassimo
che voi ascoltaste
che loro ascoltassero

TO LIVE, to dwell *abitare* [abit-are], *tr.* and *intr.*
Gerund *abitando (abitando)* **Past participle** *abitato*
Imperative tu, abita! (non abitare!); che lui/lei (non) abiti!; noi, (non) abitiamo!; voi, (non) abitate!; che loro (non) abitino!

Present indicative
abito
abiti
abita
abitiamo
abitate
abitano

Imperfect indicative
abitavo
abitavi
abitava
abitavamo
abitavate
abitavano

Present perfect
ho abitato
hai abitato
ha abitato
abbiamo abitato
avete abitato
hanno abitato

Past perfect
avevo abitato
avevi abitato
aveva abitato
avevamo abitato
avevate abitato
avevano abitato

Future
abiterò
abiterai
abiterà
abiteremo
abiterete
abiteranno

Present conditional
abiterei
abiteresti
abiterebbe
abiteremmo
abitereste
abiterebbero

Present subjunctive
che io abiti
che tu abiti
che lui/lei abiti
che noi abitiamo
che voi abitiate
che loro abitino

Imperfect subjunctive
che io abitassi
che tu abitassi
che lui/lei abitasse
che noi abitassimo
che voi abitaste
che loro abitassero

TO LOOK AT *guardare* [guard-are], *tr.*
Gerund *guardando* **Past participle** *guardato*
Imperative tu, guarda! (non guardare!); che lui/lei (non) guardi!; noi, (non) guardiamo!; che loro (non) guardino!

Present indicative
guardo
guardi
guarda
guardiamo
guardate
guardano

Imperfect indicative
guardavo
guardavi
guardava
guardavaino
guardavate
guardavano

Present perfect
ho guardato
hai guardato
ha guardato
abbiamo guardato
avete guardato
hanno guardato

Past perfect
avevo guardato
avevi guardato
aveva guardato
avevamo guardato
avevate guardato
avevano guardato

Future
guarderò
guarderai
guarderà
guaderemo
guarderete
guarderanno

Present conditional
guarderei
guarderesti
guarderebbe
guarderemmo
guardereste
guarderebbero

Present subjunctive
che io guardi
che tu guardi
che lui/lei guardi
che noi guardiamo
che voi guardiate
che loro guardino

Imperfect subjunctive
che io guardassi
che tu guardassi
che lui/lei guardasse
che noi guardassimo
che voi guardaste
che loro guardassero

TO LOOK FOR, to seek *cercare* [cerc-are], *tr*.
Gerund *cercando* **Past participle** *cercato*
Imperative tu, cerca! (non cercare!); che lui/lei (non) cerchi!; noi, (non) cerchiamo!; voi, (non) cercate!; che loro (non) cerchino!

Present indicative
cerco
cerchi
cerca
cerchiamo
cercate
cercano

Imperfect indicative
cercavo
cercavi
cercava
cercavamo
cercavate
cercavano

Present perfect
ho cercato
hai cercato
ha cercato
abbiamo cercato
avete cercato
hanno cercato

Past perfect
avevo cercato
avevi cercato
aveva cercato
avevamo cercato
avevate cercato
avevano cercato

Future
cercherò
cercherai
cercherà
cercheremo
cercherete
cercheranno

Present conditional
cercherei
cercheresti
cercherebbe
cercheremmo
cerchereste
cercherebbero

Present subjunctive
che io cerchi
che tu cerchi
che lui/lei cerchi
che noi cerchiamo
che voi cerchiate
che loro cerchino

Imperfect subjunctive
che io cercassi
che tu cercassi
che lui/lei cercasse
che noi cercassimo
che voi cercaste
che loro cercassero

TO LOSE *perdere* [perd-ere], *tr.*
Gerund *perdendo* **Past participle** *perduto (perso)*
Imperative tu, perdi! (non perdere!); che lui/lei (non) perda!; noi, (non) perdiamo!; voi, (non) perdete!; che loro (non) perdano!

Present indicative
perdo
perdi
perde
perdiamo
perdete
perdono

Imperfect indicative
perdevo
perdevi
perdeva
perdevamo
perdevate
perdevano

Present perfect
ho perduto (perso)
hai perduto
ha perduto
abbiamo perduto
avete perduto
hanno perduto

Past perfect
avevo perduto
avevi perduto
aveva perduto
avevamo perduto
avevate perduto
avevano perduto

Future
perderò
perderai
perderà
perderemo
perderete
perderanno

Present conditional
perderei
perderesti
perderebbe
perderemmo
perdereste
perderebbero

Present subjunctive
che io perda
che tu perda
che lui/lei perda
che noi perdiamo
che voi perdiate
che loro perdano

Imperfect subjunctive
che io perdessi
che tu perdessi
chr lui/lei perdesse
che noi perdessimo
che voui perdeste
che loro perdessero

TO LOVE *amare* [am-are], *tr.*

Gerund *amando* **Past participle** *amato*

Imperative tu, ama! (non amare!); che lui/lei (non) ami!; noi, (non) amiamo! voi, (non) amate!; che loro (non) amino!

Present indicative
amo
ami
ama
amiamo
amate
amano

Imperfect indicative
amavo
amavi
amava
amavamo
arnavate
amavano

Present perfect
ho amato
hai amato
ha amato
abbiamo amato
avete amato
hanno amato

Past perfect
avevo amato
avevi amato
aveva amato
avevamo amato
avevate amato
avevano amato

Future
amerò
ainerai
amerà
aimeremo
amerete
ameranno

Present conditional
amerei
ameresti
amerebbe
ameremmo
amereste
amerebbero

Present subjunctive
che io ami
che tu ami
che lui/lei ami
che noi amiamo
che voi amiate
che loro amino

Imperfect subjunctive
che io amassi
che tu amassi
che lui/lei amasse
che noi amassimo
che voi amaste
che loro amassero

TO MAINTAIN, to support *mantenere* [mantenere], *tr*.
Gerund *mantenendo* **Past participle** *mantenuto*
Imperative tu, mantieni! (non mantenere!); che lui/lei (non) mantenga!; noi, (non) manteniamo!; voi, (non) mantenete!; che loro (non) mantengano!

Present indicative
mantengo
mantieni
mantiene
manteniamo
mantenete
mantengono

Imperfect indicative
mantenevo
mantenevi
manteneva
mantenevamo
mantenevate
mantenevano

Present perfect
ho mantenuto
hai mantenuto
ha mantenuto
abbiamo mantenuto
avete mantenuto
hanno mantenuto

Past perfect
avevo mantenuto
avevi mantenuto
aveva mantenuto
avevamo mantenuto
avevate mantenuto
avevano mantenuto

Future
manterrò
manterrai
manterrǒà
manterremo
manterrete
manterranno

Present conditional
manterrei
manterresti
manterrebbe
manterremmo
manterreste
manterrebbero

Present subjunctive
che io mantenga
che tu amntenga
che lui/lei mantenga
che noi manteniamo
che voi manteniate
che loro mantengano

Imperfect subjunctive
che io manteness
che tu mantenessi
che lui/lei mantenesse
che noi mantenessimo
che voi manteneste
che loro mantenessero

TO MAKE A MISTAKE *sbagliare* [sbagli-are], *tr.* and *intr.*
Gerund *sbagliando* **Past participle** *sbagliato*
Imperative tu, sbaglia! (non sbagliare!); che lui/lei (non) sbagli!; noi, (non) sbagliamo!; voi, (non) sbagliate!; che loro (non) sbaglino!

Present indicative
sbaglio
sbagli
sbaglia
sbagliamo
sbagliate
sbagliano

Imperfect indicative
sbagliavo
sbagliavi
sbagliava
sbagliavamo
sbagliavate
sbagliavano

Present perfect
ho sbagliato
hai sbagliato
ha sbagliato
abbiamo sbagliato
avete sbagliato
hanno sbagliato

Past perfect
avevo sbagliato
avevi sbagliato
aveva sbagliato
avevamo sbagliato
avevate sbagliato
avevano sbagliato

Future
sbaglierò
sbaglierai
sbaglierà
sbaglieremo
sbaglierete
sbaglieranno

Present conditional
sbaglierei
sbagieresti
sbaglierebbe
sbaglieremmo
sbaglierteste
sbaglierebbero

Present subjunctive
che io sbagli
che tu sbagli
che lui/lei sbagli
che noi sbagliamo
che voi sbagliate
che loro sbaglino

Imperfect subjunctive
che io sbagliassi
che tu sbagliassi
che lui/lei sbagliasse
che noi sbagliassimo
che voi sbagliaste
che loro sbagliassero

TO MANAGE, to administrate *gestire* [gest-ire], *tr.*
Gerund *gestendo* **Past participle** *gestito*
Imperative tu, gestisci! (non gestire!); che lui/lei (non) gestisca!; noi, (non) gestiamo!; voi, (non) gestite! che loro (non) gestiscano!

Present indicative
gestisco
gestisci
gestisce
gestiamo
gestite
gestiscono

Imperfect indicative
gestivo
gestivi
gestiva
gestivamo
gestivate
gestivano

Present perfect
ho gestito
hai gestito
ha gestito
abbiamo gestito
avete gestito
hanno gestito

Past perfect
avevo gestito
avevi gestito
aveva gestito
avevamo gestito
avevate gestito
avevano gestito

Future
gestirò
gestirai
gestirà
gestiremo
gestirete
gestiranno

Present conditional
gestirei
gestiresti
gestirebbe
gestiremmo
gestireste
gestirebbero

Present subjunctive
che io gestisca
che tu gestisca
che lui/lei gestisca
che noi gestiamo
che voi gestiate
che loro gestiscano

Imperfect subjunctive
che io gestissi
che tu gestissi
che lui/lei gestisse
che noi gestissimo
che voi gestiste
che loro gestissero

TO MARRY *sposare* [spos-are], *tr.*
Gerund *sposando* **Past participle** *sposato*
Imperative tu, sposa! (non sposare!); che lui/lei (non) sposi!; noi, (non) sposiamo!; voi, (non) sposate!; che loro (non) sposino!

Present indicative
sposo
sposi
sposa
sposiamo
sposate
sposano

Imperfect indicative
sposavo
sposavi
sposava
sposavamo
sposavate
sposavano

Present perfect
ho sposato
hai sposato
ha sposato
abbiamo sposato
avete sposato
hanno sposato

Past perfect
avevo sposato
avevi sposato
aveva sposato
avevamo sposato
avevate sposato
avevano sposato

Future
sposerò
sposerai
sposerà
sposeremo
sposerete
sposeranno

Present conditional
sposerei
sposeresti
sposerebbe
sposerenuno
sposereste
sposerebbero

Present subjunctive
che io sposi
che tu sposi
che lui/lei sposi
che noi sposiamo
che voi sposiate
che loro sposino

Imperfect subjunctive
che io sposassi
che tu sposassi
che lui/lei sposasse
che noi sposassimo
che voi sposaste
che loro sposassero

TO MEET *incontrare* [incontr-are], *tr*. (*see also* TO KNOW).
Gerund *incontrando* **Past participle** *incontrato*
Imperative tu, incontra! (non incontrare!); che lui/lei (non) incontri!; noi, (non) incontriamo!; voi, (non) incontrate! che loro (non) incontrino!

Present indicative
incontro
incontri
incontra
incontriamo
incontrate
incontrano

Imperfect indicative
incontravo
incontravi
incontrava
incontravamo
incontravate
incontravano

Present perfect
ho incontrato
hai incontrato
ha incontrato
abbiamo incontrato
avete incontrato
hanno incontrato

Past perfect
avevo incontrato
avevi incontrato
aveva incontrato
avevamo incontrato
avevate incontrato
avevano incontrato

Future
incontrerò
incontrerai
incontrerà
incontreremo
incontrerete
incontreranno

Present conditional
incontrerei
incontreresti
incontrerebbe
incontreremmo
incontrereste
incontrerebbero

Present subjunctive
che io incontri
che tu incontri
che lui incontri
che noi incontriamo
che voi incontriate
che loro incontrino

Imperfect subjunctive
che io incontrassi
che tu incontrassi
che lui/lei incontrasse
che noi incontrassimo
che voi incontraste
che loro incontrassero

O MOUNT *montare* [mont-are], *tr.* and *intr.*
erund *motando* **Past participle** *montato*
mperative tu, monta! (non montare!); che lui/lei
non) moti! noi, (non) montiamo!; voi, (non)
nontate!; che loro (non) montino!

---

resent indicative
nonto
nonti
nonta
nontiamo
nontate
nontano

mperfect indicative
nontavo
nontavi
nontava
nontavamo
nontavate
nontavano

resent perfect
10 montato
1ai montato
1a montato
ıbbiamo montato
ıvete montato
1anno montato

Past perfect
ıvevo montato
ıvevi montato
ıveva montato
ıvevamo montato
ıvevate montato
ıvevano montato

Future
monterò
monterai
monterà
monteremo
monterete
monteranno

Present conditional
monterei
monteresti
monterebbe
monteremmo
montereste
monterebbero

Present subjunctive
che io monti
che tu monti
che lui/lei monti
che noi montiamo
che voi montiate
che loro montino

Imperfect subjunctive
che io montassi
che tu montassi
che lui/lei montasse
che noi montassimo
che voi montaste
che loro montassero

TO OBEY *ubbidire* [ubbid-ire], *tr.*
Gerund *ubbidendo* **Past participle** *ubbidito*
Imperative tu, ubbidisci! (non ubbidire!); che lui/lei (non) ubbidisca!; noi, (non) ubbidiamo!; voi, (non) ubbirdite!; che loro (non) ubbidiscano!

Present indicative
ubbidisco
ubbidisci
ubbidisce
ubbidiamo
ubbidite
ubbidiscono

Imperfect indicative
ubbidivo
ubbidivi
ubbidiva
ubbidivamo
ubbidivate
ubbidivano

Present perfect
ho ubbidito
hai ubbidito
ha ubbidito
abbiamo ubbidito
avete ubbidito
hanno ubbidito

Past perfect
avevo ubbidito
avevi ubbidito
aveva ubbidito
avevamo ubbidito
avevate ubbidito
avevano ubbidito

Future
ubbidirò
ubbidirai
ubbidirà
ubbidiremo
ubbidirete
ubbidiranno

Present conditional
ubbidirei
ubbidiresti
ubbidirebbe
ubbidiremmo
ubbidireste
ubbidirebbero

Present subjunctive
che io ubbidisca
che tu ubbidisca
che lui/lei ubbidisca
che noi ubbidiamo
che voi ubbidiate
che loro ubbidiscano

Imperfect subjunctive
che io ubbidissi
che tu ubbidissi
che lui/lei ubbidisse
che noi ubbidissimo
che voi ubbidiste
che loro ubbidissero

TO OFFEND *offendere* [offend-ere], *tr*.
Gerund *offendendo* **Past participle** *offeso*
Imperative tu, offendi! (non offendere!); che lu/lei (non) offenda!; noi, (non) offendiamo!; voi, (non) offendete!; che loro (non) offendano!

Present indicative
offendo
offendi
offende
offendiamo
offendete
offendono

Future
offenderò
offenderai
offenderà
offenderemo
offenderete
offenderanno

Imperfect indicative
offendevo
offendevi
offendeva
offendevamo
offendevate
offendevano

Present conditional
offenderei
offenderesti
offenderebbe
offenderemmo
offendereste
offenderebbero

Present perfect
ho offeso
hai offeso
ha offeso
abbiamo offeso
avete offeso
hanno offeso

Present subjunctive
che io offenda
che tu offenda
che lui/lei offenda
che noi offendiamo
che voi offendiate
che loro offendano

Past perfect
avevo offeso
avevi offeso
aveva offeso
avevamo offeso
avevate offeso
avevano offeso

Imperfect subjunctive
che io offendessi
che tu offendessi
che lui/lei offendesse
che noi offendessimo
che voi offendeste
che loro offendessero

TO OFFER *offrire* [offr-ire], *tr.*

Gerund *offrendo* **Past participle** *offerto*

Imperative tu, offri! (non offrire!); che lui/lei (non) offra!; noi, (non) offriamo!; voi, (non) offrite!; che loro (non) offrano!

Present Indicative
offro
offri
offre
offriamo
offrite
offrono

Future
offrirò
offrirai
offrirà
offriremo
offrirete
offriranno

Imperfect indicative
offrivo
offrivi
offriva
offrivamo
offrivate
offrivano

Present conditional
offrirei
offriresti
offrirebbe
offriremmo
offrireste
offrirebbero

Present perfect
ho offerto
hai offerto
ha offerto
abbiamo offerto
avete offerto
hanno offerto

Present subjunctive
che io offra
che tu offra
che lui/lei offfra
che noi offriamo
che voi offfriate
che loro offrano

Past perfect
avevo offerto
avevi offerto
aveva offerto
avevamo offerto
avevate offerto
avevano offerto

Imperfect subjunctive
che io offrissi
che tu offrissi
che lui/lei offrisse
che noi offrissimo
che voi offriste
che loro offrissero

TO OPEN *aprire* [apr-ire], *tr*.
Gerund *aprendo* **Past participle** *aperto*
Imperative tu, apri! (non aprire!); che lui/lei (non) apra!; noi, (non) apriamo! voi, (non) aprite!; che loro (non) aprano!

Present indicative
apro
apri
apre
apriamo
aprite
aprono

Future
aprirò
aprirai
aprirà
apriremo
aprirete
apriranno

Imperfect indicative
aprivo
aprivi
apriva
aprivamo
aprivate
aprivano

Present conditional
aprirei
apriresti
aprirebbe
apriremmo
aprireste
aprirebbero

Present perfect
ho aperto
hai aperto
ha aperto
abbiamo aperto
avete aperto
hanno aperto

Present subjunctive
che io apra
che tu apra
che lui/lei apra
che noi apriamo
che voi apriate
che loro aprano

Past perfect
avevo aperto
avevi aperto
aveva aperto
avevamo aperto
avevate aperto
avevano aperto

Imperfect subjunctive
che io aprissi
che tu aprissi
che lui/lei aprisse
che noi aprissimo
che voi apriste
che loro aprissero

TO PAY *pagare* [pag-are], *tr.*
Gerund *pagando* **Past participle** *pagato*
Imperative tu, paga! (non pagare!); che lui/lei (non) paghi!; noi, (non) paghiamo!; voi, (non) pagate!; che loro (non) paghino!

Present indicative
pago
paghi
paga
paghiamo
pagate
pagano

Imperfect indicative
pagavo
pagavi
pagava
pagavamo
pagavate
pagavano

Present perfect
ho pagato
hai pagato
ha pagato
abbiamo pagato
avete pagato
hanno pagato

Past perfect
avevo pagato
avevi pagato
aveva pagato
avevamo pagato
avevate pagato
avevano pagato

Future
pagherò
pagherai
pagherà
pagheremo
pagherete
pagheranno

Present conditional
pagherei
pagheresti
pagherebbe
pagheremmo
paghereste
pagherebbero

Present subjunctive
che io paghi
che tu paghi
che lui/lei paghi
che noi paghiamo
che voi paghiate
che loro paghino

Imperfect subjunctive
che io pagassi
che tu pagassi
che lui/lei pagasse
che noi pagassimo
che voi pagaste
che loro pagassero

TO PERSUADE *persuadere* [persuad-ere], *tr.*
Gerund *persuadendo* **Past participle** *persuaso*
Imperative tu, persuadi! (non persuadere!); che lui/lei (non) persuada!; noi, (non) persuadiamo!; voi, (non) persuadete!; che loro (non) persuadano!

Present indicative
persuado
persuadi
persuade
persuadiamo
persuadete
persuadono

Imperfect indicative
persuadevo
persuadevi
persuadeva
persuadevamo
persuadevate
persuadevano

Present perfect
ho persuaso
hai persuaso
ha persuaso
abbiamo persuaso
avete persuaso
hanno persuaso

Past perfect
avevo persuaso
avevi persuaso
aveva persuaso
avevamo persuaso
avevate persuaso
avevano persuaso

Future
persuaderò
persuaderai
persuaderà
persuaderemo
persuaderete
persuaderanno

Present conditional
persuaderei
persuaderesti
persuaderebbe
persuaderemmo
persuadereste
persuaderebbero

Present subjunctive
che io persuada
che tu persuada
che lui/lei persuada
che noi persuadiamo
che voipersuadiate
che loro persuadano

Imperfect subjunctive
che io persuadessi
che tu persuadessi
che lui/lei persuadesse
che noi persuadessimo
che voi persuadeste
che loro persuadessero

TO PICK *cogliere* [cogli-ere], *irreg.*, *tr.*
Gerund *cogliendo* **Past participle** *colto*
Imperative tu, cogli! (non cogliere!); che lui/lei (non) colga!; noi (non) cogliamo!; voi, (non) cogliete!; che loro (non) colgano!

Present indicative
colgo
cogli
coglie
cogliamo
cogliete
colgono

Imperfect indicative
coglievo
coglievi
coglieva
coglievamo
coglievate
coglievano

Present perfect
ho colto
hai colto
ha colto
abbiamo colto
avete colto
hanno colto

Past perfect
avevo colto
avevi colto
aveva colto
avevamo colto
avevate colto
avevano colto

Future
coglierò
coglierai
coglierà
coglieremo
coglierete
coglieranno

Present conditional
coglierei
coglieresti
coglierebbe
coglieremmo
cogliereste
coglierebbero

Present subjunctive
che io colga
che tu colga
che lui/lei colga
che noi cogliamo
che voi cogliate
che loro colgano

Imperfect subjunctive
che io cogliessi
che tu cogliessi
che lui/lei cogliesse
che noi cogliessimo
che voi coglieste
che loro cogliessero

TO PLAY *giocare* [gioc-are], *tr.*
Gerund *giocando* **Past participle** *giocato*
Imperative tu, gioca!; (non giocare!); che lui/lei (non) giochi!; noi, (non) giochiamo!; voi, (non) giocate!; che loro (non) giochino!

Present indicative
gioco
giochi
gioca
giochiamo
giocate
giocano

Imperfect indicative
giocavo
giocavi
giocava
giocavamo
giocavate
giocavano

Present perfect
ho giocato
hai giocato
ha giocato
abbiamo giocato
avete giocato
hanno giocato

Past perfect
avevo giocato
avevi giocato
aveva giocato
avevamo giocato
avevate giocato
avevano giocato

Future
giocherò
giocherai
giocherà
giocheremo
giocherete
giocheranno

Present conditional
giocherei
giocheresti
giocherebbe
giocheremmo
giochereste
giocherebbero

Present subjunctive
che io giochi
che tu giochi
che lui/lei giochi
che noi giochiamo
che voi giochiate
che loro giochino

Imperfect subjunctive
che io giocassi
che tu giocassi
che lui/lei giocasse
che noi giocassimo
che voi giocaste
che loro giocassero

TO PLAY (an instrument), sound *suonare* [suon-are], *tr*
Gerund *suonando* **Past participle** *suonato*
Imperative tu, suona! (non suonare!); che lui/lei (non) suoni!; noi, (non) suaoniamo!; voi, (non) suonate!; che loro (non) suonino!

Present indicative
suono
suoni
suona
suoniamo
suonate
suonano

Imperfect indicative
suonavo
suonavi
suonava
suonavamo
suonavate
suonavano

Present perfect
ho suonato
hai suonato
ha suonato
abbiamo suonato
avete suonato
hanno suonato

Past perfect
avevo suonato
avevi suonato
aveva suonato
avevamo suonato
avevate suonato
avevano suonato

Future
suonerò
suonerai
suonerà
suoneremo
suonerete
suoneranno

Present conditional
suonerei
suoneresti
suonerebbe
suoneremmo
suonereste
suonerebbero

Present subjunctive
che io suoni
che tu suoni
che lui/lei suoni
che noi suoniamo
che voi suoniate
che loro suonino

Imperfect subjunctive
che io suonassi
che tu suonassi
che lui/lei suonasse
che noi suonassimo
che voi suonaste
che loro suonino

'O PLEASE, to like *piacere a* [piac-ere], *intr.*
;erund *piacendo* **Past participle** *piaciuto*
mperative tu, piaci! (non piacere!); che lui/lei
non) piaccia!; noi, (non) piacciamo!; voi, (non)
)iacete!; che loro (non) piacciano!

'resent indicative	**Future**
)iaccio	piacerò
)iaci	piacerai
)iace	piacerà
)iacciamo	piaceremo
)iacete	piacerete
)iacciono	piaceranno
mperfect indicative	**Present conditional**
)iacevo	piacerei9
)iacevi	piaceresti
)iaceva	piacerebbe
)iacevamo	piaceremmo
)iacevate	piacereste
)iacevano	piacerebbero
'resent perfect	**Present subjunctive**
;ono piaciuto	che io piaccia
;ei piaciuto	che tu piaccia
: piaciuto	che lui/lei piaccia
;iamo piaciuti	che noi piacciamo
;iete piaciuti	che voi piacciate
;ono piaciuti	che loro piacciano
'ast perfect	**Imperfect subjunctive**
:ro piaciuto	che io piacessi
:ri piaciuto	che tu piacessi
:ra piaciuto	che lui/lei piacesse
:ravamo piaciuti	che noi piacessimo
:ravate piaciuti	che voi piaceste
:rano piaciuti	che loro piacessero

TO POUR *versare* [vers-are], *tr.*
Gerund *versando* **Past participle** *versato*
Imperative tu, versa! (non versare!); che lui/lei (non) versi!; noi, (non) versiamo!; voi, (non) versate!; che loro (non) versino!

Present indicative
verso
versi
versa
versiamo
versate
versano

Imperfect indicative
versavo
versavi
versava
versavamo
versavate
versavano

Present perfect
ho versato
hai versato
ha versato
abbiamo versato
avete versato
hanno versato

Past perfect
avevo versato
avevi versato
aveva versato
avevamo versato
avevate versato
avevano versato

Future
verserò
verserai
verserà
verseremo
verserete
verseranno

Present conditional
verserei
verseresti
verserebbe
verseremmo
versereste
verserebbero

Present subjunctive
che io versi
che tu versi
che lui/lei versi
che noi versiamo
che voi versiate
che loro versino

Imperfect subjunctive
che io versassi
che tu versassi
che lui/lei versasse
che noi versassimo
che voi versaste
che loro versassero

TO PREFER *preferire* [prefer-ire], *tr.*
Gerund *preferendo* **Past participle** *preferito*
Imperative tu, preferisci! (non preferire!); che lui/lei (non) preferisca!; noi, (non) preferiamo!; voi, (non) preferite!; che lui/lei (non) preferisca!

Present indicative
preferivo
preferivi
preferiva
preferivamo
preferivate
preferivano

Imperfect indicative
preferivo
preferivi
preferiva
preferivamo
preferivate
preferivano

Present perfect
ho preferito
hai preferito
ha preferito
abbiamo preferito
avete preferito
hanno preferito

Past perfect
avevo preferito
avevi preferito
aveva preferito
avevamo preferito
avevate preferito
avevano preferito

Future
preferirò
preferirai
preferirà
preferiremo
preferirete
preferiranno

Present conditional
preferirei
preferiresti
preferirebbe
preferiremmo
preferireste
preferirebbero

Present subjunctive
che io preferisca
che tu preferisca
che lui/lei preferisca
che noi preferissimo
che voi preferiste
che loro preferissero

Imperfect subjunctive
che io preferissi
che tu preferissi
che lui/lei preferisse
che noi preferissimo
che voi preferiste
che loro preferissero

TO PREPARE *preparare* [prepar-are], *tr.*
Gerund *preparando* **Past participle** *preparato*
Imperative tu, prepara! (non preparare!); che lui/lei (non) prepari!; noi, (non) prepariamo!; voi, (non) preparate!; che loro (non) preparino!

Present indicative
preparo
prepari
prepara
prepariamo
preparate
preparano

Imperfect indicative
preparavo
preparavi
preparava
preparavamo
preparavate
preparavano

Present perfect
ho preparato
hai preparato
ha preparato
abbiamo preparato
avete preparato
hanno preparato

Past perfect
avevo preparato
avevi preparato
aveva preparato
avevamo preparato
avevate preparato
avevano preparato

Future
preparerò
preparerai
preparerà
prepareremo
preparerete
prepareranno

Present conditional
preparerei
prepareresti
preparerebbe
prepareremmo
preparereste
preparerebbero

Present subjunctive
che io prepari
che tu prepari
che lui/lei prepari
che noi prepariamo
che voi prepariate
che loro preparino

Imperfect subjunctive
che io preparassi
che tu preparassi
che lui/lei preparasse
che noi preparassimo
che voi preparaste
che loro preparassero

TO PRESENT, to introduce *presentare* [present-are], *tr.*
Gerund *presentando* **Past participle** *presentato*
mperative tu, presenta! (non presentare!); che lui/ ei (non) presenti!; noi, (non) presentiamo!; voi, non) presentate!; che loro (non) presentino!

Present indicative
presento
presenti
presenta
presentiamo
presentate
presentano

mperfect indicative
presentavo
presentavi
presentava
presentavamo
presentavate
presentavano

Present perfect
ho presentato
hai presentato
ha presentato
abbiamo presentato
avete presentato
hanno presentato

Past perfect
avevo presentato
avevi presentato
aveva presentato
avevamo presentato
avevate presentato
avevano presentato

Future
presenterò
presenterai
presenterà
presenteremo
presenterete
presenteranno

Present conditional
presenterei
presenteresti
presenterebbe
presenteremmo
presentereste
presenterebbero

Present subjunctive
che io presenti
che tu presenti
che lui/lei presenti
che noi presentiamo
che voi prsentiate
che loro presentino

Imperfect subjunctive
che io presentassi
che tu presentassi
che lui/lei presentasse
che noi presentassimo
che voi presentaste
che loro presentassero

TO PRESS, to squeeze *premere* [prem-ere], *tr*.
Gerund *premendo* **Past participle** *premuto*
Imperative tu, premi! (non premere!); che lui/lei (non) prema!; noi, (non) premiamo! voi, (non) premete! che loro (non) premano!

Present indicative
premo
premi
preme
premiamo
premete
premono

Future
premerò
premerai
premerà
premeremo
premerete
premeranno

Imperfect indicative
premevo
premevi
premeva
premevamo
premevate
premevano

Present conditional
premerei
premeresti
premerebbe
premeremmo
premereste
premerebbero

Present perfect
ho premuto
hai premuto
ha premuto
abbiamo premuto
avete premuto
hanno premuto

Present subjunctive
che io prema
che tu prema
che lui/lei prema
che noi premiamo
che voi premiate
che loro premano

Past perfect
avevo premuto
avevi premuto
aveva premuto
avevamo premuto
avevate premuto
avevano premuto

Imperfect subjunctive
che io premessi
che tu premessi
che ui/lei premesse
che noi premessimo
che voi premeste
che loro premessero

TO PRODUCE *produrre* [produ[ce]re], *tr*.

Gerund *producendo* **Past participle** *prodotto*

Imperative tu, produci! (non produrre!); che lui/lei (non) produca!; noi, (non) produciamo!; voi, (non) producete!; che loro (non) producano!

Present indicative
produco
produci
produce
produciamo
producete
producono

Imperfect indicative
producevo
producevi
produceva
producevamo
producevate
producevano

Present perfect
ho prodotto
hai prodotto
ha prodotto
abbiamo prodotto
avete prodotto
hanno prodotto

Past perfect
avevo prodotto
avevi prodotto
aveva prodotto
avevamo prodotto
avevate prodotto
avevano prodotto

Future
produrrò
produrrai
produrrà
produrremo
produrrete
produrranno

Present conditional
produrrei
produrresti
produrrebbe
produrremmo
produrreste
produrrebbero

Present subjunctive
che io produca
che tu produca
che lui/lei produca
che noi produciamo
che voi produciate
che loro producano

Imperfect subjunctive
che io producessi
che tu producessi
che lui/lei producesse
che noi producessimo
che voi produceste
che loro producessero

TO PROMISE *promettere* [promett-ere], *tr.*
Gerund *promettendo* **Past participle** *promesso*
Imperative tu, prometti! (non promettere!); che lui/lei (non) prometta!; noi, (non) promettiamo!; voi, (non) promettete!; che loro (non) promettano!

Present indicative
prometto
prometti
promette
promettiamo
promettete
promettono

Imperfect indicative
promettevo
promettevi
prometteva
promettevamo
promettevate
promettevano

Present perfect
ho promesso
hai promesso
ha promesso
abbiamo promesso
avete promesso
hanno promesso

Past perfect
avevo promesso
avevi promesso
aveva promesso
avevamo promesso
avevate promesso
avevano promesso

Future
prometterò
prometterai
prometterà
prometteremo
prometterete
prometteranno

Present conditional
prometterei
prometteresti
prometterebbe
prometteremmo
promettereste
prometterebbero

Present subjunctive
che io prometta
che tu prometta
che lui/lei prometta
che noi promettiamo
che voi promettiate
che loro promettano

Imperfect subjunctive
che io promettessi
che tu promettessi
che lui/lei promettesse
che noi promettessimo
che voi prometteste
che loro promettessero

TO PROVE, to try *provare* [prov-are], *tr.*
Gerund *provando* **Past participle** *provato*
Imperative tu, prova! (non provare!); che lui/lei (non) provi!; noi, (non) proviamo!; voi, (non) provate!; che loro (non) provino!

Present indicative
provo
provi
prova
proviamo
provate
provano

Imperfect indicative
provavo
provavi
provava
provavamo
provavate
provavano

Present perfect
ho provato
hai provato
ha provato
abbiamo provato
avete provato
hanno provato

Past perfect
avevo provato
avevi provato
aveva provato
avevamo provato
avevate provato
avevano provato

Future
proverò
proverai
proverà
proveremo
proverete
proveranno

Present conditional
proverei
proveresti
proverebbe
proveremmo
provereste
proverebbero

Present subjunctive
che io provi
che tu provi
che lui/lei provi
che noi proviamo
che voi proviate
che loro provino

Imperfect subjunctive
che io provassi
che tu provassi
che lui/lei provasse
che noi provassimo
che voi provaste
che loro provassero

TO PROVIDE TO *provvedere a* [provved-ere], *tr.*
Gerund *provvedendo* **Past participle** *provveduto*
Imperative tu, provvedi! (non provvedere!); che lui/lei (non) provveda!; noi, (non) provvediamo!; voi, (non) provvedete!; che loro (non) provvedano!

Present indicative
provvedo
provvedi
provvede
provvediamo
provvedete
provvedono

Imperfect indicative
provvedevo
provvedevi
provvedeva
provvedevamo
provvedevate
provvedevano

Present perfect
ho provveduto
hai provveduto
ha provveduto
abbiamo provveduto
avete provveduto
hanno provveduto

Past perfect
avevo provveduto
avevi provveduto
aveva provveduto
avevamo provveduto
avevate provveduto
avevano provveduto

Future
provvederò
provvederai
provvederà
provvederemo
provvederete
provvederanno

Present conditional
provvederei
provvederesti
provvederebbe
provvederemmo
provvedereste
provvederebbero

Present subjunctive
che io provveda
che tu provveda
che lui/lei prvveda
che noi provvediamo
che voi provvediate
che loro provvadano

Imperfect subjunctive
che io provvedessi
che tu provvedessi
che lui/lei provvedesse
che noi provvedessimo
che voi provvedeste
che loro provvedessero

TO PULL, to draw *tirare* [tir-are], *tr*.
Gerund *tirando* **Past participle** *tirato*
Imperative tu, tira! (non tirare!); che lui/lei (non) tiri!; noi, (non) tiriamo!; voi, (non) tirate!; che loro (non) tirino!

Present indicative
tiro
tiri
tira
tiriamo
tirate
tirano

Imperfect indicative
tiravo
tiravi
tirava
tiravamo
tiravate
tiravano

Present perfect
ho tirato
hai tirato
ha tirato
abbiamo tirato
avete tirato
hanno tirato

Past perfect
avevo tirato
avevi tirato
aveva tirato
avevamo tirato
avevate tirato
avevano tirato

Future
tirerò
tirerai
tirerà
tireremo
tirerete
tireranno

Present conditional
tirerei
tireresti
tirerebbe
tirerenuno
tirereste
tirerebbero

Present subjunctive
che io tiri
che tu tiri
che lui/lei tiri
che noi tiriamo
che voi tiriate
che loro tirino

Imperfect subjunctive
che io tirassi
che tu tirassi
che lui/lei tirasse
che noi tirassimo
che voi tiraste
che loro tirassero

TO PUNISH *punire* [pun-ire], *tr*.
Gerund *punendo* **Past participle** *punito*
Imperative tu, punisci! (non punire!); che lui/lei (non) punisca!; noi, puniamo!; voi, (non) punite!; che loro (non) puniscano!

Present indicative
punisco
punisci
punisce
puniamo
punite
puniscono

Imperfect indicative
punivo
punivi
puniva
punivamo
punivate
punivano

Present perfect
ho punito
hai punito
ha punito
abbiamo punito
avete punito
hanno punito

Past perfect
avevo punito
avevi punito
aveva punito
avevamo punito
avevate punito
avevano punito

Future
punirò
punirai
punirà
puniremo
punirete
puniranno

Present conditional
punirei
puniresti
punirebbe
puniremmo
punireste
punirebbero

Present subjunctive
che io punisca
che tu punisca
che lui/lei punisca
che noi puniaino
che voi puniate
che loro puniscano

Imperfect subjunctive
che io punissi
che tu punissi
che lui/lei punisse
che noi punissimo
che voi puniste
che loro punissero

TO PUSH *spingere* [sping-ere], *tr.*
Gerund *spingendo* **Past participle** *spinto*
Imperative tu, spingi! (non spingere!); che lui/lei (non) spinga!; noi, (non) spingiamo!; voi, (non) spingete!; che loro (non) spingano!

Present indicative
spingo
spingi
spinge
spingiamo
spingete
spingono

Future
spingerò
spingerai
spingerà
spingeremo
spingerete
spingeranno

Imperfect indicative
spingevo
spingevi
spingeva
spingevamo
spingevate
spingevano

Present conditional
spingerei
spingeresti
spingerebbe
spingeremmo
spingereste
spingerebbero

Present perfect
ho spinto
hai spinto
ha spinto
abbiamo spinto
avete spinto
hanno spinto

Present subjunctive
che io spinga
che tu spinga
che lui/lei spinga
che noi spingiamo
chre voi spingiate
che loro spingano

Past perfect
avevo spinto
avevi spinto
aveva spinto
avevamo spinto
avevate spinto
avevano spinto

Imperfect subjunctive
che io spingessi
che tu spingessi
che luio/lei spingesse
che noi spingessimo
che voi spingeste
che loro spingessero

TO PUT, to place, to set *mettere* [mett-ere], *tr.*
Gerund *mettendo* **Past participle** *messo*
Imperative tu, metti! (non mettere!); noi, (non) mettiamo!; voi, (non) mettete!; che loro (non) mettano!

Present indicative
metto
metti
mette
mettiamo
mettete
mettono

Imperfect indicative
mettevo
mettevi
metteva
mettevamo
mettevate
mettevano

Present perfect
ho messo
hai messo
ha messo
abbiamo messo
avete messo
hanno messo

Past perfect
avevo messo
avevi messo
aveva messo
aveamo messo
avevate messo
avevano messo

Future
metterò
metterai
metterà
metteremo
metterete
metteranno

Present conditional
metterei
metteresti
metterebbe
metteremmo
mettereste
metterebbero

Present subjunctive
che io metta
che tu metta
che lui/lei metta
che noi mettiamo
che voi mettiate
che loro mettano

Imperfect subjunctive
che io mettessi
che tu mettessi
che lui/lei mettesse
che noi mettessimo
che voi metteste
che loro mettessero

TO RAISE, lift up *alzare* [alz-are], *tr.*
Gerund *alzando* **Past participle** *alzato*
Imperative tu, alza! (non alzare!); che lui/lei, (non) alzi!; noi, (non) alziamo!; voi, (non) alzate!; che loro (non) alzino!

Present indicative
alzo
alzi
alza
alziamo
alzate
alzano

Imperfect indicative
alzavo
alzavi
alzava
alzavamo
alzavate
alzavano

Present perfect
ho alzato
hai alzato
ha alzato
abbiamo alzato
avete alzato
hanno alzato

Past perfect
avevo alzato
avevi alzato
aveva alzato
avevamo alzato
avevate alzato
avevano alzato

Future
alzerò
alzerai
alzerà
alzeremo
alzerete
alzeranno

Present conditiontal
alzerei
alzeresti
alzerebbe
alzeremmo
alzereste
alzerebbero

Present subjunctive
che io alzi
che tu alzi
che lui/lei alzi
che noi alziamo
che voi alziate
che loro alzino

Imperfect subjunctive
che io alzassi
che tu alzassi
che lui/lei alzasse
che noi alzassimo
che voi alzaste
che loro alzassero

TO READ *leggere* [legg-ere], *tr*.
Gerund *leggendo* **Past participle** *letto*
Imperative tu, leggi! (non leggere!); che lui/lei (non) legga!; noi, (non) leggiamo!; voi, (non) leggete!; che loro (non) leggano!

Present indicative
leggo
leggi
legge
leggiamo
leggete
leggono

Imperfect indicative
leggevo
leggevi
leggeva
leggevamo
leggevate
leggevano

Present perfect
ho letto
hai letto
ha letto
abbiamo letto
avete letto
hanno letto

Past perfect
avevo letto
avevi letto
aveva letto
avevamo letto
avevate letto
avevano letto

Future
leggerò
leggerai
leggerà
leggeremo
leggerete
leggeranno

Present conditional
leggerei
leggeresti
leggerebbe
leggeremmo
leggereste
leggerebbero

Present subjunctive
che io legga
che tu legga
che lui/lei legga
che noi leggiamo
che voi leggiate
che loro leggano

Imperfect subjunctive
che io leggessi
che tu leggessi
che lui/lei leggesse
che noi leggessimo
che voi leggeste
che loro leggessero

TO RECOGNISE *riconoscere* [riconosc-ere], *tr*.
Gerund *riconoscendo* **Past participle** *riconosciuto*
Imperative tu, riconosci! (non riconoscere!); che lui/lei (non) riconosca!; noi, (non) riconosciamo!; voi, (non) riconoscete!; che loro (non) riconoscano.

Present indicative
riconosco
riconosci
riconosce
riconosciamo
riconoscete
riconoscono

Imperfect indicative
riconoscevo
riconoscevi
riconosceva
riconoscevamo
riconoscevate
riconoscevano

Present perfect
ho riconosciuto
hai riconosciuto
ha riconosciuto
abbiamo riconosciuto
avete riconosciuto
hanno riconosciuto

Past perfect
avevo riconosciuto
avevi riconosciuto
aveva riconosciuto
avevamo riconosciuto
avevate riconosciuto
avevano riconosciuto

Future
riconoscerò
riconoscerai
riconoscerà
riconosceremo
riconoscerete
riconosceranno

Present conditional
riconoscerei
riconosceresti
riconoscerebbe
riconosceremmo
riconoscereste
riconoscerebbero

Present subjunctive
che io riconosca
che tu riconosca
che lui/lei riconosca
che noi riconosciamo
che voi riconosciate
che loro riconoscano

Imperfect subjunctive
che io riconoscessi
che tu riconoscessi
che lui/lei riconoscesse
che noi riconoscessimo
che voi riconosceste
che loro riconoscessero

TO REFUSE, to reject *rifiutare* [rifiut-are], *tr*.
Gerund *rifiutando* **Past participle** *rifiutato*
Imperative tu, rifiuta! (non rifiutare!); che lui/lei (non) rifiuti!; noi, (non) rifiutiamo!; voi, (non) rifiutate!; che loro (non) rifiutino!

Present indicative
rifiuto
rifiuti
rifiuta
rifiutiamo
rifiutate
rifiutano

Imperfect indicative
rifiutavo
rifiutavi
rifiutava
rifiutavamo
rifiutavate
rifiutavano

Present perfect
ho rifiutato
hai rifiutato
ha rifiutato
abbiamo rifiutato
avete rifiutato
hanno rifiutato

Past perfect
avevo rifiutato
avevi rifiutato
aveva rifiutato
avevamo rifiutato
avevate rifiutato
avevano rifiutato

Future
rifiuterò
rifiuterai
rifiuterà
rifiuteremo
rifiuterete
rifiuteranno

Present conditional
rifiuterei
rifiuteresti
rifiuterebbe
rifiuteremmo
rifiutereste
rifiuterebbero

Present subjunctive
che io rifiuti
che tu rifiuti
che lui/lei rifiuti
che noi rifiutiamo
che voi rifiutiate
che loro rifiutino

Imperfect subjunctive
che io rifiutassi
che tu rifiutassi
che lui/lei rifiutasse
che noi rifiutassimo
che voi rifiutaste
che loro rifiutassero

O REJECT *respingere* [resping-ere], *tr*.
erund *respingendo* **Past participle** *respinto*
mperative tu, respingi! (non respingere!); che lui/
ei (non) respinga!; noi, (non) respingiamo!; voi,
non) respingete!; che loro (non) respingano!

---

resent indicative
espingo
espingi
espinge
espingiamo
espingere
espingono

mperfect indicative
espingevo
espingevi
espingeva
espingevamo
espingevate
espingevano

resent perfect
o respinto
ai respinto
a respinto
bbiamo respinto
vete respinto
anno respinto

ast perfect
vevo respinto
vevi respinto
veva respinto
vevamo respinto
vevate respinto
vevano respinto

Future
respingerò
respingerai
respingerà
respingeremo
respingerete
respingeranno

Present conditional
respingerei
respingeresti
respingerebbe
respingeremmo
respingereste
respingerebbero

Present subjunctive
che io respinga
che tu respinga
che lui/lei respinga
che noi respingiamo
che voi respingiate
che loro respingano

Imperfect subjunctive
che io respingessi
che tu respingessi
che lui/lei respingesse
che noi respingessimo
che voi respingeste
che loro respingessero

TO REMOVE *togliere* (togli-ere), *tr.*
Gerund *togliendo* **Past participle** *tolto*
Imperative tu, togli! (non togliere!); che lui/lei (non) tolga!; noi, (non) togliamo!; voi, (non) togliete!; che loro (non) tolgano!

Present indicative
tolgo
togli
toglie
togliamo
togliete
tolgono

Imperfect indicative
toglievo
toglievi
togliete
toglievamo
toglievate
toglievano

Present perfect
ho tolto
hai tolto
ha tolto
abbiamo tolto
avete tolto
hanno tolto

Past perfect
avevo tolto
avevi tolto
aveva tolto
avevamo tolto
avevate tolto
avevano tolto

Future
toglierò
toglierai
toglierà
toglieremo
toglierete
toglieranno

Present conditional
toglierei
toglieresti
toglierebbe
toglieremmo
togliereste
toglierebbero

Present subjunctive
che io tolga
che tu tolga
che lui/lei tolga
che noi togliamo
che voi togliete
che loro tolgano

Imperfect subjunctive
che io toliessi
che tu togliessi
che lui/lei togliesse
che noi togliessimo
che voi toglieste
che loro togliessero

TO RESPECT *rispettare* [rispett-are], *tr.*
Gerund *rispettando* **Past participle** *rispettato*
Imperative tu, rispetta! (non rispettare!); che lui/lei (non) rispetti!; noi, (non) rispettiamo!; voi, (non) rispettate!; che loro (non) rispettino!

Present indicative
rispetto
rispetti
rispetta
rispettiarno
rispettate
rispettano

Imperfect indicative
rispettavo
rispettavi
rispettava
rispettavamo
rispettavate
rispettavano

Present perfect
ho rispettato
hai rispettato
ha rispettato
abbiamo rispettato
avete rispettato
hanno rispettato

Past perfect
avevo rispettato
avevi rispettato
aveva rispettato
avevamo rispettato
avevate rispettato
avevano rispettato

Future
rispetterò
rispetterai
rispetterà
rispetteremo
rispetterete
rispetteranno

Present conditional
rispetterei
rispetteresti
rispetterebbe
rispetteremmo
rispettereste
rispetterebbero

Present subjunctive
che io rispetti
che tu rispetti
che lui/lei rispetti
che noi rispettiamo
che voi rispettiate
che loro rispettino

Imperfect subjunctive
che io rispettassi
che tu rispettassi
che lui/lei rispettasse
che noi rispettassimo
che voi rispettaste
che loro rispettassero

TO RESTRICT *restringere* [restring-ere], *irreg.*, *tr.*
Gerund *restringendo* **Past participle** *ristretto*
Imperative tu, restringi! (non restringere!); che lui/lei (non) restringa!; noi, (non) restringiamo!; voi, (non) restringete!; che loro (non) restringano!

Present indicative
restringo
restringi
restringe
restringiamo
restringete
restringono

Imperfect indicative
restringevo
restringevi
restringete
restringevamo
restringevamo
restringevano

Present perfect
ho ristretto
hai ristretto
ha ristretto
abbiamo ristretto
avete ristretto
hanno ristretto

Past perfect
avevo ristretto
avevi ristretto
aveva ristretto
avevamo ristretto
avevate ristretto
avevano ristretto

Future
restringerò
restringerai
restringerà
restringeremo
restringerete
restringeranno

Present conditional
restringerei
restringeresti
restringerebbe
restringeremmo
restringereste
restringerebbero

Present subjunctive
che io restringa
che tu restringa
che lui/lei restringa
che noi restringiamo
che voi restringiate
che loro restringano

Imperfect subjunctive
che io restringessi
che tu restringesse
che lui/lei restringesse
che noi restringessimo
che voi restringeste
che loro restringessero

TO RETURN *tornare* [torn-are], *tr*.
Gerund *tornando* **Past participle** *tornato*
Imperative tu, torna! (non tornare!); che lui/lei (non) torni!; noi, (non) torniamo!; voi, (non) tornate! che loro (non) tornino!

Present indicative
torno
torni
torna
torniamo
tornate
tornano

Future
tornerò
tornerai
tornerà
torneremo
tornerete
torneranno

Imperfect indicative
tornavo
tornavi
tornava
tornavamo
tornavate
tornavano

Present conditional
tornerei
torneresti
tornerebbe
torneremmo
tornereste
tornerebbero

Present perfect
sono tornato
sei tornato
è tornato
siamo tornati
siete tornati
sono tornati

Present subjunctive
che io torni
che tu torni
che lui/lei torni
che noi torniamo
che voi torniate
che loro tornino

Past Perfect
ero tornato
eri tornato
era tornato
eravamo tornati
eravate tornati
erano tornati

Imperfect subjunctive
che io tornassi
che tu tornassi
che lui/lei tornasse
che noi tornassimo
che voi tornaste
che loro tornassero

TO REVEAL *rivelare* [rivel-are], *tr.*
Gerund *rivelando* **Past participle** *rivelato*
Imperative tu, rivela! (non rivelare!); che lui/lei (non) riveli!; noi, (non) riveliamo!; voi, (non) rivelate!; (non) che loro rivelino!

Present indicative
rivelo
riveli
rivela
riveliamo
rivelate
rivelano

Future
rivelerò
rivelerai
rivelerà
riveleremo
rivelerete
riveleranno

Imperfect indicative
rivelavo
rivelavi
rivelava
rivelavamo
rivelavate
rivelavano

Present conditional
rivelerei
riveleresti
rivelerebbe
riveleremmo
rivelereste
rivelerebbero

Present perfect
ho rivelato
hai rivelato
ha rivelato
abbiamo rivelato
avete rivelato
hanno rivelato

Present subjunctive
che io riveli
che tu riveli
che lui/lei riveli
che noi riveliamo
che voi riveliate
che loro rivelino

Past perfect
avevo rivelato
avevi rivelato
aveva rivelato
avevamo rivelato
avevate rivelato
avevano rivelato

Imperfect subjunctive
che io rivelassi
che tu rivelassi
che lui/lei rivelasse
che noi rivelassimo
che voi rivelaste
che loro rivelassero

TO RUN *correre* [corr-ere], *intr.* and *tr.*
Gerund *correndo* **Past participle** *corso*
Imperative tu, corri! (non correre!); che lui/lei (non) corra!; noi, (non) corriamo!; voi, (non) correte!; che loro (non) corrano!

Present indicative
corro
corri
corre
corriamo
correte
corrono

Imperfect indicative
correvo
correvi
correva
correvamo
correvate
correvano

Present perfect
sono corso
sei corso
è corso
siamo corsi
siete corsi
sono corsi

Past perfect
ero corso
eri corso
era corso
eravamo corsi
eravate corsi
erano corsi

Future
correrò
correrai
correrà
correremo
correrete
correranno

Present conditional
correrei
correresti
correrebbe
correremmo
correreste
correrebbero

Present subjunctive
che io corra
che tu corra
che lui/lei corra
che noi corriamo
che voi corriate
che loro corrano

Imperfect subjunctive
che io corressi
che tu corressi
che lui/lei corresse
che noi corressimo
che voi correste
che loro corressero

TO SAY, to tell *dire* [d-ire] *irreg.*, *tr.*
Gerund *dicendo* **Past participle** *detto*
Imperative tu, di'! (non dire!); che lui/lei (non) dica!; noi, (non) diciamo!; voi, (non) dite!; che loro (non) dicano!

Present indicative
dico
dici
dice
diciamo
dite
dicono

Imperfect indicative
dicevo
dicevi
diceva
dicevamo
dicevate
dicevano

Present perfect
ho detto
hai detto
ha detto
abbiamo detto
avete detto
hanno detto

Past perfect
avevo detto
avevi detto
aveva detto
avevamo detto.
avevate detto
avevano detto

Future
dirò
dirai
dirà
diremo
direte
diranno

Present conditional
direi
diresti
direbbe
diremmo
direste
direbbero

Present subjunctive
che io dica
che tu dica
che lui/lei dica
che noi diciamo
che voi diciate
che loro dicano

Imperfect subjunctive
che io dicessi
che tu dicessi
che lui/lei dicesse
che noi dicessimo
che voi diceste
che loro dicessero

TO SEE *vedere* [ved-ere], *irreg.*, *tr.*
Gerund *vedendo* **Past participle** *visto*
Imperative tu, vedi! (non vedere!); che lui/lei (non) veda!; noi, (non) vediamo!; voi, (non) vedete!; che loro (non) vedano!

Present indicative
vedo
vedi
vede
vediamo
vedete
vedono

Imperfect indicative
vedevo
vedevi
vedeva
vedevamo
vedevate
vedevano

Present perfect
ho visto
hai visto
ha visto
abbiamo visto
avete visto
hanno visto

Past perfect
avevo visto
avevi visto
aveva visto
avevamo visto
avevate visto
avevano visto

Future
vedrò
vedrai
vedrà
vedremo
vedrete
vedranno

Present conditional
vedrei
vedresti
vedrebbe
vedremmo
vedreste
vedrebbero

Present subjunctive
che io veda
che tu veda
che lui/lei veda
che noi vediamo
che voi vediate
che loro vedano

Imperfect subjunctive
che io vedessi
che tu vedessi
che lui/lei vedesse
che noi vedessimo
che voi vedeste
che loro vedessero

TO SELL *vendere* [vend-ere], *tr.*
Gerund *vendendo* **Past participle** *venduto*
Imperative tu, vendi! (non vendere!); che lui/lei (non) venda!; noi, vendiamo!; voi, (non) vendete!; che loro (non) vendano!

Present indicative
vendo
vendi
vende
vendiamo
vendete
vendono

Imperfect indicative
vendevo
vendevi
vendeva
vendevamo
vendevate
vendevano

Present perfect
ho venduto
hai venduto
ha venduto
abbiamo venduto
avete venduto
hanno venduto

Past perfect
avevo venduto
avevi venduto
aveva venduto
avevamo venduto
avevate venduto
avevano venduto

Future
venderò
venderai
venderà
venderemo
venderete
venderanno

Present conditional
venderei
venderesti
venderebbe
venderemmo
vendereste
venderebbero

Present subjunctive
che io venda
che tu venda
che lui/lei venda
che noi vendiamo
che voi vendiate
che loro vendano

Imperfect subjunctive
che io vendessi
che tu vendessi
che lui/lei vendesse
che noi vendessimo
che voi vendeste
che loro vendessero

TO SEND *mandare* [mand-are], *tr.*
Gerund *mandando* **Past participle** *mandato*
Imperative tu, manda! (non mandare!); che lui/lei (non) mandi!; noi, (non) mandiamo!; voi, (non) mandate!; che loro (non) mandino!

Present indicative
mando
mandi
manda
mandiamo
mandate
mandano

Imperfect indicative
mandavo
mandavi
mandava
mandavamo
mandavate
mandavano

Present perfect
ho mandato
hai mandato
ha mandato
abbiamo mandato
avete mandato
hanno mandato

Past perfect
avevo mandato
avevi mandato
aveva mandato
avevamo mandato
avevate mandato
avevano mandato

Future
manderò
manderai
manderà
manderemo
manderete
manderanno

Present conditional
manderei
manderesti
manderebbe
manderemmo
mandereste
manderebbero

Present subjunctive
che io mandi
che tu mandi
che lui/lei mandi
che noi mandiamo
che voi mandiate
che loro mandino

Imperfect subjunctive
che io mandassi
che tu mandassi
che lui/lei mandasse
che noi mandassimo
che voi mandaste
che loro mandassero

TO SEND *spedire* [sped-ire], *tr.*
Gerund *spedendo* **Past participle** *spedito*
Imperative tu, spedisci! (non spedire!); che lui/lei (non) spedisca!; noi, (non) spediamo!; voi, (non) spedite!; che loro (non) spediscano!

Present indicative
spedisco
spedisci
spedisce
spediamo
spedite
spediscono

Imperfect indicative
spedivo
spedivi
spediva
spedivamo
spedivate
spedivano

Present perfect
ho spedito
hai spedito
ha spedito
abbiamo spedito
avete spedito
hanno spedito

Past perfect
avevo spedito
avevi spedito
aveva spedito
avevamo spedito
avevate spedito
avevano spedito

Future
spedirò
spedirai
spedirà
spediremo
spedirete
spediranno

Present conditional
spedirei
spediresti
spedirebbe
spedirenuno
spedireste
spedirebbero

Present subjunctive
che io spedisca
che tu spedisca
che lui/lei spedisca
che noi spediamo
che voi spediate
che loro spediscano

Imperfect subjunctive
che io spedissi
che tu spedissi
che lui/lei spedisse
che noi spedissimo
che voi spediste
che loro spedissero

TO SERVE *servire* [serv-ire], *tr*.
Gerund *servendo* **Past participle** *servito*
Imperative tu, servi! (non servire!); che lui (non) serva!; noi, (non) serviamo!; voi, (non) servite!; che loro (non) servano!

Present indicative
servo
servi
serve
serviamo
servite
servono

Imperfect indicative
servivo
servivi
serviva
servivamo
servivate
servivano

Present perfect
ho servito
hai servito
ha servito
abbiamo servito
avete servito
hanno servito

Past perfect
avevo servito
avevi servito
aveva servito
avevamo servito
avevate servito
avevano servito

Future
servirò
servirai
servirà
serviremo
servirete
serviranno

Present conditional
servirei
serviresti
servirebbe
serviremmo
servireste
servirebbero

Present subjunctive
che io serva
che tu serva
cher lui/lei serva
che noi serviamo
che voi serviate
che loro servano

Imperfect subjunctive
che io servissi
che noi servissi
che lui/lei servisse
che noi servissimo
che voi serviste
che loro servissero

TO SHOUT, to scream *gridare* [grid-are], *tr.*
Gerund *gridando* **Past participle** *gridato*
Imperative tu, grida! (non gridare!); che lui/lei (non) gridi!; noi, (non) gridiamo!; voi, (non) gridate!; che loro (non) gridino!

Present indicative
grido
gridi
grida
gridiamo
gridate
gridano

Imperfect indicative
gridavo
gridavi
gridava
gridavamo
gridavate
gridavano

Present perfect
ho gridato
hai gridato
ha gridato
abbiamo gridato
avete gridato
hanno gridato

Past perfect
avevo gridato
avevi gridato
aveva gridato
avevamo gridato
avevate gridato
avevano gridato

Future
griderò
griderai
griderà
grideremo
griderete
grideranno

Present conditional
griderei
grideresti
griderebbe
grideremmo
gridereste
griderebbero

Present subjunctive
che io gridi
che tu gridi
che lui/lei gridi
che noi gridiamo
che voi gridiate
che loro gridino

Imperfect subjunctive
che io gridassi
che tu gridassi
che lui/lei gridasse
che noi gridassimo
che voi gridaste
che loro gridassero

TO SHOW *mostrare* [mostr-are], *tr.*
Gerund *mostrando* **Past participle** *mostrato*
Imperative tu, mostra! (non mostrare!); che lui/lei (non) mostri!; noi, (non) mostriamo!; voi, (non) mostrate!; che loro (non) mostrino!

Present indicative
mostro
mostri
mostra
mostriamo
mostrate
mostrano

Imperfect indicative
mostravo
mostravi
mostrava
mostravamo
mostravate
mostravano

Present perfect
ho mostrato
hai mostrato
ha mostrato
abbiamo mostrato
avete mostrato
hanno mostrato

Past perfect
avevo mostrato
avevi mostrato
aveva mostrato
avevamo mostrato
avevate mostrato
avevano mostrato

Future
mostrerò
mostrerai
mostrerà
mostreremo
mostrerete
mostreranno

Present conditional
mostrerei
mostreresti
mostrerebbe
mostreremmo
mostrereste
mostrerebbero

Present subjunctive
che io mostri
che tu mostri
che lui/lei mostri
che noi mostriamo
che voi mostriate
che loro mostrino

Imperfect subjunctive
che io mostrassi
che tu mostrassi
che lui/lei mostrasse
che noi mostrassimo
che voi mostraste
che loro mostrassero

TO SIT *sedere* [sed-ere], *tr*.
Gerund *sedendo* **Past participle** *seduto*
Imperative tu, siedi! (non sedere!); che lui/lei (non) sieda!; noi, (non) sediamo!; voi, (non) sedete!; che loro (non) siedano!

Present indicative
siedo (seggo)
siedi
siede
sediamo
sedete
siedono (seggono)

Imperfect indicative
sedevo
sedevi
sedeva
sedevamo
sedevate
sedevano

Present perfect
mi sono seduto
ti sei seduto
si è seduto
ci siamo seduti
vi siete seduti
si sono seduti

Past perfect
mi ero seduto
ti eri seduto
si era seduto
ci eravamo seduti
vi eravate seduti
si erano seduti

Future
sederò
sederai
sederà
sederemo
sederete
sederanno

Present conditional
sederei
sederesti
sederebbe
sederemmo
sedereste
sederebbero

Present subjunctive
che io sieda
che tu sieda
che lui/lei sieda
che noi sediamo
che voi sediate
che loro siedano

Imperfect subjunctive
che io sedessi
che tu sedessi
che lui/lei sedesse
che noi sedessimo
che voi sedeste
che loro sedessero

TO SLEEP *dormire* [dorm-ire], *intr.* and *tr.*
Gerund *dormendo* **Past participle** *dormito*
Imperativetu, dormi! (non dormire!); che lui/lei (non) dorma!; noi, (non) dormiamo!; voi, (non) dormite!; che loro (non) dormano!

Present indicative
dormo
dormi
dorme
domiamo
dormite
dormono

Future
dormirò
dormirai
dormirà
dormiremo
donnirete
dormiranno

Imperfect indicative
dormivo
dormivi
dormiva
dormivamo
donnivate
dormivano

Present conditional
dortnirei
dormiresti
donnirebbe
dormiremmo
donnireste
dormirebbero

Present perfect
ho dormito
hai dormito
ha dormito
abbiamo dormito
avete dormito
hanno dormito

Present subjunctive
che io dorma
che tu dorma
che lui/lei dorma
che noi domamo
che voi dormiate
che loro dormano

Past perfect
avevo dormito
avevi dormito
aveva dormito
avevamo dormito
avevate dormito
avevano dormito

Imperfect subjunctive
che io dormissi
che tu dornissi
che lui/lei dortmisse
che noi dormissimo
che voi dormiste
che loro dormissero

TO SPEAK, to talk *parlare* [parl-are], *tr.*
Gerund *parlando* **Past participle** *parlato*
Imperative tu, parla! (non parlare!); che lui/lei (non) parli!; noi, (non) parliamo!; voi, (non) parlate!; che loro (non) parlino!

Present indicative
parlo
parli
parla
parliamo
parlate
parlano

Imperfect indicative
parlavo
parlavi
parlava
parlavamo
parlavate
parlavano

Present perfect
ho parlato
hai parlato
ha parlato
abbiamo parlato
avete parlato
hanno parlato

Past perfect
avevo parlato
avevi parlato
aveva parlato
avevamo parlato
avevate parlato
avevano parlato

Future
parlerò
parlerai
parlerà
parleremo
parlerete
parleranno

Present conditional
parlerei
parleresti
parlerebbe
parleremmo
parlereste
parlerebbero

Present subjunctive
che io parli
che tu parli
che lui/lei parli
che noi parliamo
che voi parliate
che loro parlino

Imperfect subjunctive
che io parlassi
che tu parlassi
che lui/lei parlasse
che noi parlassimo
che voi perlaste
che loro parlassero

TO SPEND *spendere* [spend-ere], *tr.*
Gerund *spendendo* **Past participle** *speso*
Imperative tu, spendi! (non spendere!); che lui/lei (non) spenga!; noi, (non) spegnamo!; voi, (non) spegnete!; che loro (non) spengano!

Present indicative
spendo
spendi
spende
speniamo
spendete
spendono

Future
spenderò
spenderai
spenderà
spenderemo
spenderete
spenderanno

Imperfect indicative
spendevo
spendevi
spendeva
spendevamo
spendevate
spendevano

Present conditional
spenderei
spenderesti
spenderebbe
spenderemmo
spendereste
spenderebbero

Present perfect
ho speso
hai speso
ha speso
abbiamo speso
avete speso
hanno speso

Present subjunctive
che io spenda
che tu spenda
che lui/lei spenda
che noi spendiamo
che voi spendiate
che loro spendano

Past perfect
avevo speso
avevispeso
aveva speso
avevamo speso
avevate speso
avevano speso

Imperfect subjunctive
che io spendessi
che tu spendessi
che lui/lei spendesse
che noi spendessimo
che voi spendeste
che loro spendessero

TO SPEND (pass) time *trascorrere* [trascorr-ere], *tr.*
Gerund *trascorrendo* **Past participle** *trascorso*
Imperative tu, trascorri! (non trascorrere!); che lui/lei (non) trascorra!; noi, (non) trascorriamo!; voi, (non) trascorrete!; che loro (non) trascorrano!

Present indicative
trascorro
trascorri
trascorre
trascorriamo
trascorrete
trascorrono

Imperfect indicative
trascorrevo
trascorrevi
trascorreva
trascorrevamo
trascorrevate
trascorrevano

Present perfect
ho trascorso
hai trascorso
ha trascorso
abbiamo trascorso
avete trascorso
hanno trascorso

Past perfect
avevo trascorso
avevi trascorso
aveva trascorso
avevamo trascorso
avevate trascorso
avevano trascorso

Future
trascorrerò
trascorrerai
trascorrerà
trascorreremo
trascorrerete
trascorreranno

Present conditional
trascorrerei
trascorreresti
trascorrerebbe
trascorreremmo
trascorrereste
trascorrerebbero

Present subjunctive
che io trascorra
che tu trascorra
che lui/lei trascorra
che noi trascorriamo
che voi trascorriate
che loro trascorrano

Imperfect subjunctive
che io trascorressi
che tu trascorressi
che lui/lei trascorresse
che noi trascorressimo
che voi trascorrste
che loro trascorressero

TO STAY, to stand *stare* [st-are], *auxil.*, *intr.*
Gerund *stando* **Past participle** *stato*
Imperative tu, sta'! (stai!) (non stare!); che lui/lei (non) stia!; noi, (non) stiamo!; voi, (non) state!; che loro (non) stiano!

Present indicative
sto
stai
sta
stiamo
state
stanno

Imperfect indicative
stavo
stavi
stava
stavamo
stavate
stavano

Present perfect
sono stato
sei stato
è stato
siamo stati
siete stati
sono stati

Past perfect
ero stato
eri stato
era stato
eravamo stati
eravate stati
eravano stati

Future
starò
starai
starà
staremo
starete
staranno

Present conditional
starei
staresti
starebbe
staremmo
stareste
starebbero

Present subjunctive
che io stia
che tu stia
che lui/lei stia
che noi stiamo
che voi stiate
che loro stiano

Imperfect subjunctive
che io stessi
che tu stessi
che lui/lei stesse
che noi stessimo
che voi steste
che loro stessero

TO STOP *fermare* [ferm-are], *tr.*
Gerund *fermando* **Past participle** *fermato*
Imperative tu, ferma! (non fermare!); che lui/lei (non) fermi!; noi, (non) fermiamo!; voi, (non) fermate!; che loro (non) fermino!

Present indicative
fermo
fermi
ferma
fermiamo
fermate
fermano

Imperfect indicative
fermavo
fermavi
fermava
fermavamo
fermavate
fermavano

Present perfect
ho fermato
hai fermato
ha fermato
abbiamo fermato
avete fermato
hanno fermato

Past perfect
avevo fermato
avevi fermato
aveva fermato
avevamo fermato
avevate fermato
avevano fermato

Future
fermerò
fermerai
fermerà
fermeremo
fermerete
fermeranno

Present conditional
fermerei
fermeresti
fermerebbe
fermeremmo
fermereste
fermerebbero

Present subjunctive
che io fermi
che tu fermi
che lui/lei fermi
che noi fermiamo
che voi fermiate
che loro fermino

Imperfect subjunctive
che io fermassi
che tu fermassi
che lui/lei fermasse
che noi fermassimo
che voi fermaste
che loro fermassero

TO STROLL *passeggiare* [passeggi-are], *intr.*
Gerund *passeggiando* **Past participle** *passeggiato*
Imperative tu, passeggia! (non passeggiare!); che lui/lei (non) passeggi! noi, (non) passeggiamo!; voi, (non) passeggiate!; che loro (non) passeggino!

Present indicative
passeggio
passeggi
passeggia
passeggiamo
passeggiate
passeggiano

Imperfect indicative
passeggiavo
passeggiavi
passeggiava
passeggiavamo
passeggiavate
passeggiavano

Present perfect
ho passeggiato
hai passeggiato
ha passeggiato
abbiamo passeggiato
avete passeggiato
hanno passeggiato

Past perfect
avevo passeggiato
avevi passeggiato
aveva passeggiato
avevamo passeggiato
avevate passeggiato
avevano passeggiato

Future
passeggerò
passeggerai
passeggerà
passeggeremo
passeggerete
passeggeranno

Present conditional
passeggerei
passeggeresti
passeggerebbe
passeggeremmo
passeggereste
passeggerebbero

Present subjunctive
che io passeggi
che tu passeggi
che lui/lei passeggi
che noi passeggiamo
che voi passeggiate
che loro passeggino

Imperfect subjunctive
che io passeggiassi
che tu passeggiassi
che lui/lei passeggiasse
che noi passeggiassimo
che voi passeggiaste
che loro passeggiassero

TO STUDY *studiare* [stud-iare], *tr.*
Gerund *studiando* **Past participle** *studiato*
Imperative tu, studia! (non studiare!); che lui/lei (non) studi!; noi, (non) studiamo!; voi, (non) studiate!; che loro (non) studino!

Present indicative
studio
studi
studia
studiamo
studiate
studiano

Future
studierò
studierai
studieàr
studieremo
studierete
studieranno

Imperfect indicative
studiavo
studiavi
studiava
studiavamo
studiavate
studiavano

Present conditional
studierei
studieresti
studierebbe
studieremmo
studiereste
studierebbero

Present perfect
ho studiato
hai studiato
ha studiato
abbiamo studiato
avete studiato
hanno studiato

Present subjunctive
che io studi
che tu studi
che lui/lei studi
che noi studiamo
che voi studiate
che loro studino

Past perfect
avevo studiato
avevi studiato
aveva studiato
avevamo studiato
avevate studiato
avevano studiato

Imperfect subjunctive
che io studiassi
che tu studiassi
che lui/lei studiasse
che noi studiassimo
che voi studiaste
che loro studiassero

TO SUCCEED *riuscire* [riusc-ire], *tr.*
Gerund *riuscendo* **Past participle** *riuscito*
Imperative tu, riesci! (non riuscire!); che lui/lei (non) riesca!; noi, (non) riusciamo!; voi, (non) riuscite!; che loro (non) riescano!

Present indicative
riesco
riesci
riesce
riusciamo
riuscite
riescono

Imperfect indicative
riuscivo
riuscivi
riusciva
riuscivamo
riuscivate
riuscivano

Present perfect
sono riuscito
sei riuscito
è riuscito
siamo riusciti
siete riusciti
sono riusciti

Past perfect
ero riuscito
eri riuscito
era riuscito
eravamo riusciti
eravate riusciti
erano riusciti

Future
riuscirò
riuscirai
riuscirà
riusciremo
riuscirete
riusciranno

Present conditional
riuscirei
riusciresti
riuscirebbe
riusciremmo
riuscireste
riuscirebbero

Present subjunctive
riesca
riesca
riesca
riusciamo
riusciate
riescano

Imperfect subjunctive
riuscissi
riuscissi
riuscisse
riuscissimo
riusciste
riuscissero

TO SUGGEST *suggerire* [sugger-ire], *tr.*
Gerund *suggerendo* **Past participle** *suggerito*
Imperative tu, suggerisci!; (non suggerire!); che lui/lei (non) suggerisca!; noi, (non) suggeriamo!; voi, (non) suggerite!; che loro (non) suggeriscano!

Present indicative
suggerisco
suggerisci
suggerisce
suggeriamo
suggerite
suggeriscono

Imperfect indicative
suggerivo
suggerivi
suggeriva
suggerivamo
suggerivate
suggerivano

Present perfect
ho suggerito
hai suggerito
ha suggerito
abbiamo suggerito
avete suggerito
hanno suggerito

Past perfect
avevo suggerito
avevi suggerto
aveva suggerito
avevamo suggerito
avevate suggerito
avevano suggerito

Future
suggerirò
suggerirai
suggerirà
suggeriremo
suggerirete
suggeriranno

Present conditional
suggerirei
suggeriresti
suggerirebbe
suggeriremmo
suggerireste
suggerirebbero

Present subjunctive
che io suggerisca
che tu suggerisca
che lui/lei suggerisca
che noi suggeriamo
che voi suggeriate
che loro suggeriscano

Imperfect subjunctive
che io suggerissi
che tu suggerissi
che lui/lei suggerisse
che noi suggerissimo
che voi suggeriste
che loro suggerissero

TO SUPPLY, to provide *fornire* [forn-ire], *tr.*
Gerund *fornendo* **Past participle** *fornito*
Imperative tu, fornisci! (non fornire!); che lui/lei (non) fornisca!; noi, (non) forniamo!; voi, (non) fornite!; che loro (non) forniscano!

Present indicative
fornisco
fornisci
fornisce
forniamo
fornite
forniscono

Future
fornirò
fornirai
fornirà
forniremo
fornirete
forniranno

Imperfect indicative
fornivo
fornivi
forniva
fornivamo
fornivate
fornivano

Present conditional
fornirei
forniresti
fornirebbe
fornirenimo
fornireste
fornirebbero

Present perfect
ho fornito
hai fornito
ha fornito
abbiamo fornito
avete fornito
hanno fornito

Present subjunctive
che io foirnisca
che tu fornisca
che lui/lei fornisca
che noi forniamo
che voi forniate
che loro forniscano

Past perfect
avevo fornito
avevi fornito
aveva fornito
avevamo fornito
avevate fornito
avevano fornito

Imperfect subjunctive
cheio fornissi
che tu fornissi
che lui/lei fornisse
che noi fornissimo
che voi forniste
che loro fornissero

TO SUPPORT *sopportare* [sopport-are], *tr.*
Gerund *sopportando* **Past participle** *sopportato*
Imperative tu, sopporta! (non sopportare!); che lui, lei (non) sopporti!; noi, (non) sopportiamo!; voi, (non) sopportate!; che loro (non) sopportino!

Present indicative
sopporto
sopporti
sopporta
sopportiamo
sopportate
sopportano

Imperfect indicative
sopportavo
sopportavi
sopportava
sopportavamo
sopportavate
sopportavano

Present perfect
ho sopportato
hai sopportato
ha sopportato
abbiamo sopportato
avete sopportato
hanno sopportato

Past perfect
avevo sopportato
avevi sopportato
aveva sopportato
avevamo sopportato
avevate sopportato
avevano sopportato

Future
sopporterò
sopporterai
sopporterà
sopporteremo
sopporterete
sopporteranno

Present conditional
sopporterei
sopporteresti
sopporterebbe
sopporteremmo
sopportereste
sopporeterebbero

Present subjunctive
che io sopporti
che tu sopporti
che lui/lei sopporti
che noi sopportassimo
che voi sopportaste
che loro sopportassero

Imperfect subjunctive
che io sopportassi
che tu sopportassi
che lui/lei sopportasse
che noi sopportassimo
che voi sopportaste
che loro sopportassero

TO SURPRISE *sorprendere* [sorprend-ere], *tr.*
Gerund *sorprendendo* **Past participle** *sorpreso*
Imperative tu, sorprendi! (non sorprendere!); che lui/lei (non) sorprenda!; noi, (non) sorprendiamo!; voi, (non) sorprendete!; che loro (non) sorprendano!

Present indicative
sorprendo
sorprendi
sorprende
sorprendiamo
sorprendete
sorprendono

Imperfect indicative
sorprendevo
sorprendevi
sorprendeva
sorprendevamo
sorprendevate
sorprendevano

Present perfect
ho sorpreso
hai sorpreso
ha sorpreso
abbiamo sorpreso
avete sorpreso
hanno sorpreso

Past perfect
avevo sorpreso
avevi sorpreso
aveva sorpreso
avevamo sorpreso
avevate sorpreso
avevano sorpreso

Future
sorprenderò
sorprenderai
sorprenderà
sorprenderemo
sorprenderete
sorprenderanno

Present conditional
sorprenderei
sorprenderesti
sorprenderebbe
soprenderemmo
sorprendereste
sorprenderebbero

Present subjunctive
che io sorprenda
che tu sorprenda
che lui/lei sorprenda
che noi sorprendiamo
che voi sorprendiate
che loro sorprendano

Imperfect subjunctive
che io sorprendessi
che tu sorprendessi
che lui/lei sorprendesse
che noi sorprendessimo
che voi sorprendeste
che loro sorprendessero

TO SUSPEND, to hang up *sospendere* [sospend-ere], *tr.*
Gerund *sospendendo* **Past participle** *sospeso*
Imperative tu, sospendi! (non sospendere!); che lui/lei (non) sospenda!; noi, (non) sospendiamo!; voi, (non) sospendete!; che loro (non) sospendano!

Present indicative
sospendo
sospendi
sospende
sospendiamo
sospendete
sospendono

Imperfect indicative
sospendevo
sospendevi
sospendeva
sospendevamo
sospendevate
sospendevano

Present perfect
ho sospeso
haisospeso
ha sospeso
abbiamo sospeso
avete sospeso
hanno sospeso

Past perfect
avevo sospeso
avevisospeso
aveva sospeso
avevamo sospeso
avevate sospeso
avevano sospeso

Future
sospenderò
sospenderai
sospenderà
sospenderemo
sospenderete
sospenderanno

Present conditional
sospenderei
sospenderesti
sospenderebbe
sospenderemmo
sospendereste
sospenderebbero

Present subjunctive
che io sospenda
che tu sospenda
che lui/lei sospenda
che noi sospendiamo
che voi sospendiate
che loro sospendano

Imperfect subjunctive
che io sospendessi
che tu sospendessi
che lui/lei sospendesse
che noi sospendessimo
che voi sospendeste
che loro sospendessero

TO SUSTAIN *appoggiare* [appoggi-are], *tr.*
Gerund *appoggiando* **Past participle** *appoggiato*
Imperative tu, appoggia! (non appoggiare!); che lui/lei (non) appoggi!; noi, (non) appoggiamo!; voi, (non) appoggiate!; che (non) loro appoggino!

Present indicative
appoggio
appoggi
appoggia
appoggiamo
appoggiate
appoggiano

Imperfect indicative
appoggiavo
appoggiavi
appoggiava
appoggiavamo
appoggiavate
appoggiavano

Present perfect
ho appoggiato
hai appoggiato
ha appoggiato
abbiamo appoggiato
avete appoggiato
hanno appoggiato

Past perfect
avevo appoggiato
avevi appoggiato
aveva appoggiato
avevamo appoggiato
avevate appoggiato
avevano appoggiato

Future
appoggerò
appoggerai
appoggerà
appoggeremo
appoggerete
appoggeranno

Present conditional
appoggerei
appoggeresti
appoggebbe
appoggeremmo
appoggereste
appoggerebbero

Present subjunctive
che io appoggi
che tu appoggi
che lui/lei appoggi
che noi appoggiamo
che voi appoggiate
che loro appoggino

Imperfect subjunctive
che io appoggiassi
che tu appoggiassi
che lui/lei appoggiasse
che noi appoggiassimo
che voi appoggiaste
che loro appoggiassero

TO SUSTAIN, uphold, support *sostenere* [sosten-ere], *tr.*
Gerund *sostenendo* **Past participle** *sostenuto*
Imperative tu, sostieni! (non sostenere!); che lui/lei (non) sostenga!; noi, (non) sosteniamo!; voi, (non) sostenete!; che loro (non) sostengano!

Present indicative
sostengo
sostieni
sostiene
sosteniamo
sostenete
sostengono

Imperfect indicative
sostenevo
sostenevi
sosteneva
sostenevamo
sostenevate
sostenevano

Present perfect
ho sostenuto
hai sostenuto
ha sostenuto
abbiamo sostenuto
avete sostenuto
hanno sostenuto

Past perfect
avevo sostenuto
avevi sostenuto
aveva sostenuto
avevamo sostenuto
avevate sostenuto
avevano sostenuto

Future
sosterrò
sosterrai
sosterrà
sosterremo
sosterrete
sosterranno

Present conditional
sosterrei
sosterresti
sosterrebbe
sosterremmo
sosterreste
sosterrebbero

Present subjunctive
che io sostenga
che tu sostenga
che lui/lei sostenga
che noi sosteniamo
che voi sosteniate
che loro sostengano

Imperfect subjunctive
che io sostenessi
che tu sostenessi
che lui/lei sostenesse
che noi sostenessimo
che voi sosteneste
che loro sostenessero

TO TAKE *prendere* [prend-ere], *tr*.
Gerund *prendendo* **Past participle** *preso*
Imperative tu, prendi! (non prendere!); che lui/lei (non) prenda!; noi, (non) prendiamo!; voi, (non) prendete!; che loro (non) prendano!

Present indicative
prendo
prendi
prende
prendiamo
prendete
prendono

Future
prenderò
prenderai
prenderà
prenderemo
prenderete
prenderanno

Imperfect indicative
prendevo
prendevi
prendeva
prendevamo
prendevate
prendevano

Present conditional
prenderei
prenderesti
prenderebbe
prenderemmo
prendereste
prenderebbero

Present perfect
ho preso
hai preso
ha preso
abbiamo preso
avete preso
hanno preso

Present subjunctive
che io prenda
che tu prenda
che lui/lei prenda
che noi prendiamo
che voi prendiate
che loro prendano

Past perfect
avevo preso
avevi preso
aveva preso
avevamo preso
avevate preso
avevano preso

Imperfect subjunctive
che io prendessi
che tu prendessi
che lui/lei prendesse
che noi prendessimo
che voi prendeste
che loro prendessero

TO TASTE *assaggiare* [assaggi-are], *tr.*
Gerund *assaggiando* **Past participle** *assaggiato*
Imperative tu, assaggia! (non assaggiare!); che lui/lei (non) assaggi!; noi, (non) assaggiamo!; voi, (non) assaggiate!; che loro (non) assaggino!

Present indicative
assaggio
assaggi
assaggia
assaggiamo
assaggiate
assaggiano

Future
assaggerò
assaggerai
assaggerà
assaggeremo
assaggerete
assaggeranno

Imperfect indicative
assaggiavo
assaggiavi
assaggiava
assaggiavamo
assaggiavate
assaggiavano

Present conditional
assaggerei
assaggeresti
assaggerebbe
assaggeremmo
assaggereste
assaggerebbero

Present perfect
ho assaggiato
hai assaggiato
ha assaggiato
abbiamo assaggiato
avete assaggiato
hanno assaggiato

Present subjunctive
che io assaggi
che tu assaggi
che lui/lei assaggi
che noi assaggiarno
che voi assaggiate
che loro assaggino

Past perfect
avevo assaggiato
avevi assaggiato
aveva assaggiato
avevamo assaggiato
avevate assaggiato
avevano assaggiato

Imperfect subjunctive
che io assaggiassi
che tu assaggiassi
che lui/lei assaggiasse
che noi assaggiassimo
che voi assaggiaste
che loro assaggiassero

TO TEACH *insegnare a* [insegn-are], *tr*.
Gerund *insegnando* **Past participle** *insegnato*
Imperative tu, insegna! (non insegnare!); che lui/lei (non) insegni!; noi, (non) insegnamo!; voi, (non) insegnate!; che loro (non) insegnino!

Present indicative
insegno
insegni
insegna
insegniamo
insegnate
insegnano

Imperfect indicative
insegnavo
insegnavi
insegnava
insegnavamo
insegnavate
insegnavano

Present perfect
ho insegnato
hai insegnato
ha insegnato
abbiamo insegnato
avete insegnato
hanno insegnato

Past perfect
avevo insegnato
avevi insegnato
aveva insegnato
avevamo insegnato
avevate insegnato
avevano insegnato

Future
insegnerò
insegnerai
insegnerà
insegneremo
insegnerete
insegneranno

Present conditional
insegnerei
insegneresti
insegnerebbe
insegneremmo
insegnereste
insegnerebbero

Present subjunctive
che io insegni
che tu insegni
che lui/lei insegni
che noi insegniamo
che voi insegniate
che loro insegnino

Imperfect subjunctive
che io insegnassi
che tu insegnassi
che lui/lei insegnasse
che noi insegnassimo
che voi insegnaste
che loro insegnassero

TO TELL, *raccontare* [raccont-are], *tr.*
Gerund *raccontando* **Past participle** *raccontato*
Imperativo tu, racconta! (non raccontare!); che lui/lei (non) racconti!; noi, (non) raccontiamo!; voi, (non) raccontate!; che loro (non) raccontino!

Present indicative
racconto
racconti
racconta
raccontiamo
raccontate
raccontano

Imperfect indicative
raccontavo
reccontavi
raccontava
raccontavamo
raccontavate
raccontavano

Present perfect
ho raccontato
hai raccontato
ha raccontato
abbiamo raccontato
avete raccontato
hanno raccontato

Past perfect
avevo raccontato
avevi raccontato
aveva raccontato
avevamo raccontato
avevate raccontato
avevano raccontato

Future
racconterò
racconterai
racconterà
racconteremo
racconterete
racconteranno

Present conditional
racconterei
racconteresti
racconterebbe
racconteremmo
raccontereste
racconterebbero

Present subjunctive
che io racconti
che tu racconti
che lui/lei racconti
che noi raccontiamo
che voi raccontiate
che loro raccontino

Imperfect subjunctive
che io raccontassi
che tu raccontassi
che lui/lei raccontasse
che noi raccontassimo
che voi raccontaste
che loro raccontassero

TO THANK *ringraziare* [ringrazi-are], *tr*.
Gerund *ringraziando* **Past participle** *ringraziato*
Imperative tu, ringrazia! (non ringraziare!); che lui/lei (non) ringrazi!; noi, (non) ringraziamo!; voi, (non) ringraziate!, che loro (non) ringrazino!

Present indicative
ringrazio
ringrazi
ringrazia
ringraziamo
ringraziate
ringraziano

Imperfect indicative
ringraziavo
ringraziavi
ringraziava
ringraziavamo
ringraziavate
ringraziavano

Present perfect
ho ringraziato
hai ringraziato
ha ringraziato
abbiamo ringraziato
avete ringraziato
hanno ringraziato

Past perfect
avevo ringraziato
avevi ringraziato
aveva ringraziato
avevamo ringraziato
avevate ringraziato
avevano ringraziato

Future
ringrazierò
ringrazierai
ringrazierà
ringrazieremo
ringrazierete
ringrazieranno

Present conditional
ringrazierei
ringrazieresti
ringrazierebbe
ringrazieremmo
ringraziereste
ringrazierebbero

Present subjunctive
che io ringrazi
che tu ringrazi
che lui/lei ringrazi
che noi ringraziamo
che voi ringraziate
che loro ringrazino

Imperfect subjunctive
che io ringraziassi
che tu ringraziassi
che lui/lei ringraziasse
che noi ringraziassimo
che voi ringraziaste
che loro ringraziassero

TO THROW *gettare* [gett-are], *tr.*
Gerund *gettando* **Past participle** *gettato*
Imperative tu, getta! (non gettare!); che lui/lei getti!; noi (non) gettiamo!; che voi (non) gettiate!; che loro (non) gettino!

Present indicative
getto
getti
getta
gettiamo
gettate
gettano

Imperfect indicative
gettavo
gettavi
gettava
gettavamo
gettavate
gettavano

Present perfect
ho gettato
hai gettato
ha gettato
abbiamo gettato
avete gettato
hanno gettato

Past perfect
avevo gettato
avevi gettato
aveva gettato
avevamo gettato
avevate gettato
avevano gettato

Future
getterò
getterai
getterà
getteremo
getterete
getteranno

Present conditional
getterei
getteresti
getterebbe
getteremmo
gettereste
getterebbero

Present subjunctive
che io getti
che tu getti
che lui/lei getti
che noi gettiamo
che voigettiate
che loro gettino

Imperfect subjunctive
che io gettassi
che tu gettassi
che lui/lei gettasse
che noi gettassimo
che voi gettaste
che loro gettassero

TO TIE *legare* [leg-are], *tr.*
Gerund *legando* **Past participle** *legato*
Imperative tu, lega! (non legare!); che lui/lei (non) leghi!; noi, (non) leghiamo!; voi, (non) legate!; che loro (non) leghino!

Present indicative
lego
leghi
lega
leghiamo
legate
legano

Future
legherò
legherai
legherà
legheramo
legherete
legheranno

Imperfect indicative
legavo
legavi
legava
legavamo
legavate
legavano

Present conditional
legherei
legheresti
legherebbe
legheremmo
leghereste
legherebbero

Present perfect
ho legato
hai legato
ha legato
abbiamo legato
avete legato
hanno legato

Present subjunctive
che io leghi
che tuleghi
che lui/lei leghiamo
che noi leghiamo
che voi leghiate
che loro leghino

Past perfect
avevo legato
avevi legato
aveva legato
avevamo legato
avevate legato
avevano legato

Imperfect subjunctive
che io legassi
che tu legassi
che lui/lei legasse
che noi legassimo
che voi legaste
che loro legassero

TO TIGHTEN *stringere* (string-ere), *tr*.
Gerund *stringendo* **Past participle** *stretto*
Imperative tu, stringi! (non stringere!); che lui/lei (non) stringa!; noi, (non) stringiamo!; voi, (non) stringete!; che loro (non) stringano!

Present indicative
stringo
stringi
stringe
stringiamo
stringete
stringono

Imperfect indicative
stringevo
stringevi
stringeva
stringevamo
stringevate
stringevano

Present perfect
ho stretto
hai stretto
ha stretto
abbiamo stretto
avete stretto
hanno stretto

Past perfect
avevo stretto
avevi stretto
aveva stretto
avevamo stretto
avevate stretto
avevano stretto

Future
stringerò
stringerai
stringerá
stringeremo
stringerete
stringeranno

Present conditional
stringerei
stringeresti
stringerebbe
stringeremmo
stringereste
stringerebbero

Present subjunctive
che io stringa
che tu stringa
che lui/lei stroinga
che noi stringiamo
che voi stringete
che loro stringano

Imperfect subjunctive
che io stringessi
che tu stringessi
che lui/lei stringesse
che noi stringessero
che voi stringeste
che loro stringessero

TO TOUCH *toccare* (tocc-are), *tr*.
Gerund *toccato* **Past participle** *toccando*
Imperative tu, tocca! (non toccare!); che lui/lei (non) tocchi!; noi, (non) tocchiamo!; voi, (non) toccate!; che loro (non) tocchino!

Present indicative
tocco
tocchi
tocca
tocchiamo
toccate
toccano

Imperfect indicative
toccavo
toccavi
toccava
toccavamo
toccavate
toccavano

Present perfect
ho toccato
hai toccato
ha toccato
abbiamo toccato
avete toccato
hanno toccato

Past perfect
avevo toccato
avevi toccato
aveva toccato
avevamo toccato
avevate toccato
avevano toccato

Future
toccherò
toccherai
toccherà
toccheremo
toccherete
toccheranno

Present conditional
toccherei
toccheresti
toccherebbe
toccheremmo
tocchereste
toccherebbero

Present subjunctive
che io tocchi
che tu tocchi
che lui/lei tocchi
che noi tocchiamo
che voi tocchiate
che loro tocchino

Imperfect subjunctive
che io toccassi
che tu toccassi
che lui/lei toccasse
che noi toccassimo
che voi toccaste
che loro toccassero

TO TRANSLATE *tradurre* [tradu[c-e]re], *tr*.
Gerund *traducendo* **Past participle** *tradotto*
Imperative tu, traduci! (non tradurre!); che lui/lei (non) traduca!; noi, (non) traduciamo!; voi, (non) traducete!; che loro (non) traducano!

Present indicative
traduco
traduci
traduce
traduciamo
traducete
traducono

Imperfect indicative
traducevo
traducevi
traduceva
traducevamo
traducevate
traducevano

Present perfect
ho tradotto
hai tradotto
ha tradotto
abbiamo tradotto
avete tradotto
hanno tradotto

Past perfect
avevo tradotto
avevi tradotto
aveva tradotto
avevamo tradotto
avevate tradotto
avevano tradotto

Future
tradurrò
tradurrai
tradurrà
tradurremo
tradurrete
tradurranno

Present conditional
tradurrei
tradurresti
tradurrebbe
tradurremmo
tradurreste
tradurrebbero

Present subjunctive
che io traduca
che tu traduca
che lui/lei traduca
che noi traduciamo
che voi traduciate
che loro traducano

Imperfect subjunctive
che io traducessi
che tu traducessi
che lui/lei traducesse
che noi traducessimo
che voi traduceste
che loro traducessero

TO TREAT, to deal with *trattare* [tratt-are], *tr.*
Gerund *trattando* **Past participle** *trattato*
Imperative tu, tratta! (non trattare!); che lui/lei (non) tratti!; noi, (non) trattiamo!; voi, trattate!; che loro (non) trattino!

Present indicative
tratto
tratti
tratta
trattiamo
trattate
trattano

Imperfect indicative
trattavo
trattavi
trattava
trattavamo
trattavate
trattavano

Present perfect
ho trattato
hai trattato
ha trattato
abbiamo trattato
avete trattato
hanno trattato

Past perfect
avevo trattato
avevi trattato
aveva trattato
avevamo trattato
avevate trattato
avevano trattato

Future
tratterò
tratterai
tratterà
tratteremo
tratterete
tratteranno

Present conditional
tratterei
tratteresti
tratterebbe
tratterenimo
trattereste
tratterebbero

Present subjunctive
che io tratti
che tu tratti
che lui/lei tratti
che noi trattiamo
che voi trattiate
che loro trattino

Imperfect subjunctive
che io trattassi
che tu trattassi
che lui/lei trattasse
che noi trattassimo
che voi trattaste
che loro trattassero

TO TRY, to tempt, to attempt *tentare* [tent-are], *tr.*
Gerund *tentando* **Past participle** *tentato*
Imperative tu, tenta! (non tentare!); che lui/lei (non) tenti!; noi, (non) tentiamo!; voi, (non) tentate!; che loro (non) tentino!

Present indicative
tento
tenti
tenta
tentiamo
tentate
tentano

Imperfect indicative
tentavo
tentavi
tentava
tentavamo
tentavate
tentavano

Present perfect
ho tentato
hai tentato
ha tentato
abbiamo tentato
avete tentato
hanno tentato

Past perfect
avevo tentato
avevi tentato
aveva tentato
avevamo tentato
avevate tentato
avevano tentato

Future
tenterò
tenterai
tenterà
tenteremo
tenterete
tenteranno

Present conditional
tenterei
tenteresti
tenterebbe
tenteremmo
tentereste
tenterebbero

Present subjunctive
che io tenti
che tu tenti
che lui/lei tenti
che noi tentiarno
che voi tentiate
che loro tentino

Imperfect subjunctive
che io tentassi
che tu tentassi
che lui/lei tentasse
che noi tentassimo
che voi tentaste
che loro tentassero

TO TURN *girare* [gir-are], *tr.*
Gerund *girando* **Past participle** *girato*
Imperative tu, gira! (non girare!); che lui/lei (non) giri!; noi, (non) giriamo!; voi, (non) girate!; che loro (non) girino!

Present indicative
giro
giri
gira
giriamo
girate
girano

Imperfect indicative
giravo
giravi
girava
giravamo
giravate
giravano

Present perfect
ho girato
hai girato
ha girato
abbiamo girato
avete girato
hanno girato

Past perfect
avevo girato
avevi girato
aveva girato
avevamo girato
avevate girato
avevano girato

Future
girerò
girerai
girerà
gireremo
girerete
gireranno

Present conditional
girerei
gireresti
girerebbe
gireremmo
girereste
girerebbero

Present subjunctive
che io giri
che tu giri
che lui/lei giri
che noi giriamo
che voi giriate
che loro girino

Imperfect subjunctive
che io girassi
che tu girassi
che lui/lei girasse
che noi girassimo
che voi giraste
che loro girassero

TO UNDERSTAND *capire* [cap-ire], *tr.* and *intr.*
Gerund *capendo* **Past participle** *capito*
Imperative tu, capisci! (non capire!); che lui/lei (non) capisca!; noi, (non) capiamo!; voi, (non) capite!; che loro (non) capiscano!

Present indicative
capisco
capisci
capisce
capiamo
capite
capiscono

Future
capirò
capirai
capirà
capiremo
capirete
capiranno

Imperfect indicative
capivo
capivi
capiva
capivamo
capivate
capivano

Present conditional
capirei
capiresti
capirebbe
capiremmo
capireste
capirebbero

Present perfect
ho capito
hai capito
ha capito
abbiamo capito
avete capito
hanno capito

Present subjunctive
che io capisca
che tu capisca
che lui/lei capisca
che noi capiamo
che voi capiate
che loro capiscano

Past perfect
avevo capito
avevi capito
aveva capito
avevamo capito
avevate capito
avevano capito

Imperfect subjunctive
che io capissi
che tu capissi
che lui/lei capisse
che noi capissimo
che voi capiste
che loro capissero

TO USE *usare* [us-are], *tr*.
Gerund *usando* **Past participle** *usato*
Imperative tu, usa! (non usare!); che lui/lei (non) usi!; noi, (non) usiamo!; voi, (non) usate!; che loro (non) usino!

Present indicative
uso
usi
usa
usiatno
usate
usano

Imperfect indicative
usavo
usavi
usava
usavamo
usavate
usavano

Present perfect
ho usato
hai usato
ha usato
abbiamo usato
avete usato
hanno usato

Past perfect
avevo usato
avevi usato
aveva usato
avevamo usato
avevate usato
avevano usato

Future
userò
userai
userà
useremo
userete
useranno

Present conditional
userei
useresti
userebbe
useremmo
usereste
userebbero

Present subjunctive
che io usi
che tu usi
che lui/lei usi
che noi usiamo
che voi usiate
che loro usino

Imperfect subjunctive
che io usassi
che tu usassi
che lui/lei usasse
che noi usassimo
che voi usaste
che loro usassero

TO VISIT *visitare* [visit-are], *tr.*
Gerund *visitando* **Past participle** *visitato*
Imperative tu, visita! (non visitare!); che lui/lei (non) visiti!; noi, (non) visitiamo!; voi, (non) visitate!; che loro (non) visitino!

Present indicative
visito
visiti
visita
visitiamo
visitate
visitano

Imperfect indicative
visitavo
visitavi
visitava
visitavamo
visitavate
visitavano

Present perfect
ho visitato
hai visitato
ha visitato
abbiamo visitato
avete visitato
hanno visitato

Past perfect
avevo visitato
avevi visitato
aveva visitato
avevamo visitato
avevate visitato
avevano visitato

Future
visiterò
visiterai
visiterà
visiteremo
visiterete
visiteranno

Present conditional
visiterei
visiteresti
visiterebbe
visiteremmo
visitereste
visiterebbero

Present subjunctive
che io visiti
che tu visiti
che lui/lei visiti
che noi visitiamo
che voi visitiate
che loro visitino

Imperfect subjunctive
che io visitassi
che tu visitasse
che lui/lei visitasse
che noi visitassimo
che voi visitaste
che loro visitassero

TO WAIT (for) *aspettare* [aspett-are], *tr.*
Gerund *aspettando* **Past participle** *aspettato*
Imperative tu, aspetta! (non aspettare!); che lui/lei (non) aspetti!; noi, (non) aspettiamo! voi, (non) aspettate!; che loro (non) aspettino!

Present indicative
aspetto
aspetti
aspetta
aspettiamo
aspettate
aspettano

Imperfect indicative
aspettavo
aspettavi
aspettava
aspettavamo
aspettavate
aspettavano

Present perfect
ho aspettato
hai aspettato
ha aspettato
abbiamo aspettato
avete aspettato
hanno aspettato

Past perfect
avevo aspettato
avevi aspettato
aveva aspettato
avevamo aspettato
avevate aspettato
avevano aspettato

Future
aspetterò
aspetterai
aspetterà
aspetteremo
aspetterete
aspetteranno

Present conditional
aspetterei
aspetteresti
aspetterebbe
aspetteremmo
aspettereste
aspetterebbero

Present subjunctive
che io aspetti
che tu aspetti
che lui/lei aspetti
che noi aspettiamo
che voi aspettiate
che loro aspetino

Imperfect subjunctive
che io aspettassi
che tu aspettassi
che lui/lei aspettasse
che noi aspettassimo
che voi aspettaste
che loro aspettassero

TO WALK *camminare* [cammin-are], *intr.*
Gerund *camminando* **Past participle** *camminato*
Imperative tu, cammina! (non camminare!); che lui/lei (non) cammini!; noi, (non) camminiamo!; voi, (non) camminate!; che loro (non) camminino!

Present indicative
cammino
cammini
cammina
camminiamo
camminate
camminano

Imperfect indicative
camminavo
camminava
camminava
camminavamo
camminavate
camminavano

Present perfect
ho camminato
hai camminato
ha camminato
abbiamo camminato
avete camminato
hanno camminato

Past perfect
avevo camminato
avevi camminato
aveva camminato
avevamo camminato
avevate camminato
avevano camminato

Future
camminerò
camminerai
camminerà
cammineremo
camminerete
cammineranno

Present conditional
camminerei
cammineresti
camminerebbe
cammineremmo
camminereste
camminerebbero

Present subjunctive
che io cammini
che tu cammini
che lui/lei cammini
che noi camminiamo
che voi camminiate
che loro camminino

Imperfect subjunctive
che io camminassi
che tu camminassi
che lui/lei camminasse
che noi camminassimo
che voi camminaste
che loro camminassero

TO WANT *volere* [vol-ere], *irreg.*, *tr.*
Gerund *volendo* **Past participle** *voluto*
Imperative tu, vuoi! (non volere!); che lui/lei (non) voglia!; noi, (non) vogliamo!; voi, (non) volete!; che loro (non) vogliano!

Present indicative
voglio
vuoi
vuole
vogliamo
volete
vogliono

Future
vorrò
vorrai
vorrà
vorremo
vorrete
vortanno

Imperfect indicative
volevo
volevi
voleva
volevamo
volevate
volevano

Present conditional
vorrei
vorresti
vorrebbe
vorremmo
vorreste
vorrebbero

Present perfect
ho voluto
hai voluto
ha voluto
abbiamo voluto
avete voluto
hanno voluto

Present subjunctive
che io voglia
che tu voglia
che lui/lei voglia
che noi vogliamo
che voi vogliate
che loro vogliano

Past perfect
avevo voluto
avevi voluto
aveva voluto
avevamo voluto
avevate voluto
avevano voluto

Imperfect subjunctive
che io volessi
che tu volessi
che lui/lei volesse
che noi volessimo
che voi voleste
che loro volessero

TO WARN *avvertire* [avvert-ire], *tr*.
Gerund *avvertendo* **Past participle** *avvertito*
Imperative tu, avverti! (non avvertire!); che lui/lei (non) avverta!; noi, (non) avvertiamo!; voi, (non) avvertite!; che loro (non) avvertano!

Present indicative
avverto
avverti
avverte
avvertiamo
avvertite
avvertono

Future
avvertirò
avvertirai
avvertirà
avvertiremo
avvertirete
avvertiranno

Imperfect indicative
avvertivo
avvertivi
avvertiva
avvertivamo
avvertivate
avvertivano

Present conditional
avvertirei
avvertiresti
avvertirebbe
avvertiremmo
avvertireste
avvertirebbero

Present perfect
ho avvertito
hai avvertito
ha avvertito
abbiamo avvertito
avete avvertito
hanno avvertito

Present subjunctive
che io avverta
che tu avverta
che lui/lei avverta
che noi avvertiamo
che voi avvertiate
che loro avvertano

Past perfect
avevo avvertito
avevi avvertito
aveva avvertito
avevamo avvertito
avevate avvertito
avevano avvertito

Imperfect subjunctive
che io avvertissi
che tu avvertissi
che lui/lei avvertisse
che noi avvertissimo
che voi avvertiste
che loro avvertissero

TO WASH *lavare* [lav-are], *tr.*
Gerund *lavando* **Past participle** *lavato*
Imperative tu, lava! (non lavare!); che lui/lei (non) lavi!; noi, (non) laviamo! voi, (non) lavate!; che loro (non) lavino!

Present indicative
lavo
lavi
lava
laviamo
lavate
lavano

Imperfect indicative
lavavo
lavavi
lavava
lavavamo
lavavate
lavavano

Present perfect
ho lavato
hai lavato
ha lavato
abbiamo lavato
avete lavato
hanno lavato

Past perfect
avevo lavato
avevi lavato
aveva lavato
avevamo lavato
avevate lavato
avevano lavato

Future
laverò
laverai
laverà
laveremo
laverete
laveranno

Present conditional
laverei
laveresti
laverebbe
laveremmo
lavereste
laverebbero

Present subjunctive
che io lavi
che tu lavi
che lui/lei lavi
che noi laviamo
che voi laviate
che loro lavino

Imperfect subjunctive
che io lavassi
che tu lavassi
che lui/lei lavasse
che noi lavassimo
che voi lavaste
che loro lavassero

TO WASTE *sprecare* [sprec-are], *tr*.
Gerund *sprecando* **Past participle** *sprecato*
Imperative tu, spreca! (non sprecare!); che lui/lei (non) sprechi!; noi, (non) sprechiamo!; voi, (non) sprecate!; che loro (non) sprechino!

Present indicative
spreco
sprechi
spreca
sprechiamo
sprecate
sprecano

Imperfect indicative
sprecavo
sprecavi
sprecava
sprecavamo
sprecavate
sprecavano

Present perfect
ho sprecato
hai sprecato
ha sprecato
abbiamo sprecato
avete sprecato
hanno sprecato

Past perfect
avevo sprecato
avevi sprecato
aveva sprecato
avevamo sprecato
avevate sprecato
avevano sprecato

Future
sprecherò
sprecherai
sprecherà
sprecheremo
sprecherete
sprecheranno

Present conditional
sprecherei
sprecheresti
sprecherebbe
sprecheremmo
sprechereste
sprecherebbero

Present subjunetive
che io sprechi
che tu sprechi
che lui/lei sprechi
che noi sprechiamo
che voi sprechiate
che loro sprechino

Imperfect subjunctive
che io sprecassi
che tu sprecassi
che lui/lei sprecasse
che noiu sprecassimo
che voi sprecaste
che loro sprecassero

TO WEAR *indossare* [indoss-are], *tr*.
Gerund *indossando* **Past participle** *indossato*
Imperative tu, indossa! (non indossare!); che lui/lei (non) indossi!; noi, (non) indossiamo!; voi, (non) indossate!; che loro (non) indossino!

Present indicative
indosso
indossi
indossa
indossiamo
indossate
indossano

Imperfect indicative
indossavo
indossavi
indossava
indossavamo
indossavate
indossavano

Present perfect
ho indossato
hai indossato
ha indossato
abbiamo indossato
avete indossato
hanno indossato

Past perfect
avevo indossato
avevi indossato
aveva indossato
avevamo indossato
avevate indossato
avevano indossato

Future
indosser
indosserai
indosser
indosseremo
indosserete
indosseranno

Present conditional
indosserei
indosseresti
indosserebbe
indosseremmo
indossereste
indosserebbero

Present subjunctive
che io indossi
che tu indossi
che lui/lei indossi
che noi indossiamo
che voi indossiate
che loro indossino

Imperfect subjunctive
che io indossassi
che tu indossassi
che lui/lei indossasse
che noi indossassimo
che voi indossaste
che loro indossassero

TO WEIGH *pesare* [pes-are], *tr*.
Gerund *pesando* **Past participle** *pesato*
Imperative tu, pesa! (non pesare!); che lui/lei (non) pesi! noi, (non) pesiamo!; voi, (non) pesate!; (non) che loro pesino!

Present indicative
peso
pesi
pesa
pesiamo
pesate
pesano

Imperfect indicative
pesavo
pesavi
pesava
pesavamo
pesavate
pesavano

Present perfect
ho pesato
hai pesato
ha pesato
abbiamo pesato
avete pesato
hanno pesato

Past perfect
avevo pesato
avevi pesato
aveva pesato
avevamo pesato
avevate pesato
avevano pesato

Future
peserò
peserai
peserà
peseremo
peserete
peseranno

Present conditional
peserei
peseresti
peserebbe
peserenuno
pesereste
peserebbero

Present subjunctive
che io pesi
che tu pesi
che lui/lei pesi
che noi pesiamo
che voi pesiate
che loro pesino

Imperfect subjunctive
che io pesassi
che tu pesassi
che lui/lei pesasse
che noi pesassimo
che voi pesaste
che loro pesassero

TO WORK *lavorare* [lavor-are], *tr.*
Gerund *lavorando* **Past participle** *lavorato*
Imperative tu, lavora! (non lavorare!); che lui/lei (non) lavori!; noi, (non) lavoriamo!; voi, (non) lavorate!; che loro (non) lavorino!

Present indicative
lavoro
lavori
lavora
lavoriamo
lavorate
lavorano

Imperfect indicative
lavoravo
lavoravi
lavorava
lavoravamo
lavoravate
lavoravano

Present perfect
ho lavorato
hai lavorato
ha lavorato
abbiamo lavorato
avete lavorato
hanno lavorato

Past perfect
avevo lavorato
avevi lavorato
aveva lavorato
avevamo lavorato
avevate lavorato
avevano lavorato

Future
lavorerò
lavorerai
lavorerà
lavoreremo
lavorerete
lavoreranno

Present conditional
lavorerei
lavoreresti
lavorerebbe
lavoreremmo
lavorereste
lavorerebbero

Present subjunctive
che io lavori
che tu lavori
che lui/lei lavori
che noi lavoriamo
che voi lavoriate
che loro lavorino

Imperfect subjunctive
che io lavorassi
che tu lavorassi
che lui/lei lavorasse
che noi lavorassimo
che voi lavoraste
che loro lavorassero

TO WOUND *ferire* [fer-ire], *tr*.
Gerund *ferendo* **Past participle** *ferito*
Imperative tu, ferisci! (non ferire!); che lui/lei (non) ferisca!; noi, (non) feriamo!; voi, (non) ferite!; che loro (non) feriscano!

Present indicative
ferisco
ferisci
ferisce
feriamo
ferite
feriscono

Future
ferirò
ferirai
ferirà
feriremo
ferirete
feriranno

Imperfect indicative
ferivo
ferivi
feriva
ferivamo
ferivate
ferivano

Present conditional
ferirei
feriresti
ferirebbe
feriremmo
ferireste
ferirebbero

Present perfect
ho ferito
hai ferito
ha ferito
abbiamo ferito
avete ferito
hanno ferito

Present subjunctive
che io ferisca
che tu ferisca
che lui/lei ferisca
che noi feriamo
che voi feriate
che loro feriscano

Past perfect
avevo ferito
avevi ferito
aveva ferito
avevamo ferito
avevate ferito
avevano ferito

Imperfect subjunctive
che io ferissi
che tu ferissi
che lui/lei ferisse
che noi ferissimo
che voi feriste
che loro ferissero

TO WRITE *scrivere* [scriv-ere], *tr*.
Gerund *scrivendo* **Past participle** *scritto*
Imperative tu, scrivi! (non scrivere!); che lui/lei (non) scriva!; noi, (non) scriviamo!; voi, (non) scrivete!; che loro (non) scrivano!

Present indicative
scrivo
scrivi
scrive
scriviamo
scrivete
scrivono

Imperfect indicative
scrivevo
scrivevi
scriveva
scrivevamo
scrivevate
scrivevano

Present perfect
ho scritto
hai scritto
ha scritto
abbiamo scritto
avete scritto
hanno scritto

Past perfect
avevo scritto
avevi scritto
aveva scritto
avevamo scritto
avevate scritto
avevano scritto

Future
scriverò
scriverai
scriverà
scriveremo
scriverete
scriveranno

Present conditional
scriverei
scriveresti
scriverebbe
scriveremmo
scrivereste
scriverebbero

Present subjunctive
che io scriva
che tu scriva
che lui/lei scriva
che noi scriviamo
che voi scriviate
che loro scrivano

Imperfect subjunctive
che io scrivessi
che tu scrivessi
che lui/lei scrivesse
che noi scrivessimo
che voi scriveste
che loro scrivessero

ITALIAN INDEX

ENGLISH INDEX